छितवन की छाँह

छितवन की छाँह

(निबन्ध संग्रह)

विद्यानिवास मिश्र

लोकभारती प्रकाशन

लोकभारती प्रकाशन
पहली मंजिल, दरबारी बिल्डिंग, महात्मा गांधी मार्ग
इलाहाबाद-211 001
वेबसाइट : www.lokbhartiprakashan.com
ईमेल : info@lokbhartiprakashan.com
शाखाएँ : 1-बी, नेताजी सुभाष मार्ग, दरियागंज
नई दिल्ली-110 002
अशोक राजपथ, साइंस कॉलेज के सामने
पटना-800 006 (बिहार)
36-ए, शेक्सपियर सरणी
कोलकाता-700 017 (प. बंगाल)

इस रूप में पहला संस्करण : 2017

जे.के. आर्ट प्रेस
इलाहाबाद द्वारा मुद्रित

CHHITVAN KI CHHANH
by Vidyanivas Mishra

ISBN : 978-93-5221-193-7

मूल्य : ₹ 120

अपने निबन्धों की मूर्त्त भावभूमि

राधिका को

जिसकी छाँह में मादकता छितवन से अधिक मिली है

और मिलती रहेगी।

अनुक्रम

आभार

जिन मित्रों और स्नेहियों ने मुझे निबन्ध लिखने के लिए दुरुत्साहित किया है, उनके प्रति आभार न प्रकट करूँ तो दु:शीलता होगी। निबन्धकला में मुझे सबसे अधिक प्रेरणा दो फक्कड़ों से मिली है, वे हैं भैया साहब पं० श्रीनारायण चतुर्वेदी और आचार्य हजारीप्रसाद द्विवेदी। मेरे निबन्धपथ में दूसरी छहियाँ जिनमें मिली हैं वे ये हैं, आद्याप्रसाद सिंह, जिनसे आज बहुत दूर भले ही हूँ, पर प्रथम पत्र-व्यवहार का उनसे ही मेरा सूत्रपात्र है, भवनाथ पाठक, जो मेरे छितवन भ्रमण के साथी रहे हैं, काशीनाथ दीक्षित, जो पत्र न भेजने पर लम्बा-चौड़ा उलहना दिया करते थे, राजीव लोचन अग्निहोत्री, जो व्यक्तिगत सुख-दुख की रंगीनियों को खोद-खोदकर पूछते रहते, महेन्द्र कुमार जैन, जो बारह पृष्ठ से कम न तो स्वयं पत्र लिखते और न दूसरों से उससे कम में उत्तर चाहते, चन्द्रभूषण धर द्विवेदी, जिनके तटस्थ व्यवहार ने मेरी भावुकता को समय-समय पर उकसान दिया है, सत्यनारायण कृष्ण त्रिपाठी एवं घनश्याम त्रिपाठी जिन्होंने लिखने का विश्वास बार-बार भरा है, बलभद्र प्रसाद मिश्र, जिन्होंने मेरे निबन्धों को सबसे पहले छापने का साहस किया और सदैव जिनकी भातृच्छाया मेरे ऊपर बनी रही, रामबहोरी शुक्ल, जिनकी संगत में मैंने गहरी आस्तिकता पायी है, प्रभाकर माचवे, जिनकी बहुश्रुति और जिन्दा-दिली का संक्रमण मुझसे हुए बिना नहीं रह सका, श्रीपत राय, जिनकी पैनी प्रगतिवादी निर्भीक समीक्षा ने मुझे सुधरने की प्रेरणा दी है और अनन्त में 'भाई' (स० ही० वात्स्यायन) जिनकी शुभेच्छा की बदौलत मैं यह संग्रह प्रस्तुत कर रहा हूँ। बहुत हाल के तरुण साथियों में जिन्होंने मेरी निर्भीक और सहज भाव से आलोचना कभी-न-कभी की है और उनसे मुझे बल मिला है, वे हैं नामवर सिंह, श्रीकृष्ण दास, श्यामू संन्यासी, नागार्जुन, भारती तथा अमृत राय। आशंसायें दूसरों से भी मिली हैं, पर शैली की अधिक, विचार की कम। शैली की आशंसा सुनता हूँ, तो अपने को अनुतप्त पाता हूँ। शैली को मैं साधन मानता

हूँ, साध्य नहीं। तो भी जिन सुधियों ने मेरे ऊपर शुभदृष्टि की है उनका ऋणी हूँ।

साथ ही उन महापुरुषों का भी, जिन्होंने अपने अपकारों से मेरी भावुकता को समय-समय पर निखार दिया है और जिनके बिना मैं जीवन में छिछला रह जाता, हृदय से आभारी हूँ।

इस पुस्तक के प्रकाश में आते-आते दो-तीन बरस लगे हैं। शायद विन्ध्य की धीर धरती का प्रभाव हो कि मेरा यह संग्रह स्थिर रूप पा रहा है और मैं भी टिक पा रहा हूँ। इसलिए विन्ध्य भूमि के प्रति और उसकी शारदा मैया के प्रतिनिधि साथियों राममित्र चतुर्वेदी, वासुदेव गोस्वामी, 'उर्मिला' एवं 'अम्बा' के प्रति अपना स्नेहाभार न दरसाऊँ तो पाप लगेगा। सो हिमालय के अंचल के निचले छोर ने मुझे अपनी ममता से खड़ा किया, गंगा-यमुना के संगम ने मुझे संघर्षों का झूला-झुलाकर गति दी और विन्ध्य ने धैय की गंभीरता दी, इन तीनों का आभार मेरी रचना स्वयं बनेगी, मैं बन नहीं पाऊँगा। इसी प्रकार संस्कृत में जनमकर अंग्रेजी का स्तन्यपान किया है पर मुझे छाँव मिली है भोजपुरी के धानी आँचर में, सो इनसे मेरा जो अविलग भाव है, उसके कारण इनको आभार प्रकट करना अपने प्रति आभार प्रकट करना होगा। इत्यलम्।

नवीन संस्करण लोकभारती प्रकाशन ने किया है, मैं श्री रमेश और दिनेश जी के प्रति आभारी हूँ।

—विद्यानिवास मिश्र

पृष्ठभूमि

भूमिका से घबराने वाले पाठक से मैं पहले ही निवेदन कर दूँ कि मैं भूमिका लिखने नहीं जा रहा हूँ। मुझे याद है कि बचपन में मैं गोरखपुर के नार्मल स्कूल के फाटक पर जब-जब यह सूचना लिखी देखता, 'आम रास्ता नहीं है', तब-तब न जाने क्यों उस फाटक में से होकर दूसरे छोर निकल जाने की इच्छा ज़ोर मारने लगती थी और पीछे झाँकते-झूकते सरपट निकल भी जाता था। बराबर मन में भय लगा रहता था कि कोई देख न रहा हो। बल्कि एक दिन कानून से बचने के लिए मैंने 'रास्ता' के 'रा' के बीच में से जोड़कर 'सस्ता बना दिया, जिससे कोई टोके भी तो सफ़ाई देने के लिए यह प्रमाण रह जाये। इस प्रयत्न में कितना बचकानापन था, यह मैं आज भले समझ सकूँ, पर उन दिनों तो इस सूझ पर मैं बलि जाने लगा था। वही बात मेरे साहित्य के अहाते में अनधिकार प्रवेश पर भी घटती है। 'आम रास्ता नहीं है' की तख्ती को मसखरेपन में पलटकर मैंने अपना प्रवेश विधिसम्मत मान लिया है, नहीं तो सचमुच मैं न तो इस नार्मल स्कूल का अध्यापक ही हूँ, न छात्र ही; यहाँ तक कि मैं इसके माडल स्कूल की शिशु-कक्षाओं का भी उपछात्र नहीं हूँ और इसलिए अनुचित एवं अवैध प्रवेश का अपराधी तो सर्वथैव हूँ। हाँ यह दूसरी बात है कि 'आम रास्ता नहीं है' की तख्ती लगाने की बात ही स्वयं उपहसनीय हो, क्योंकि इसके बावजूद भी अवज्ञा करने वालों पर कानून की पाबन्दी बरती नहीं जाती, बरतने में भी व्यावहारिक कठिनाइयाँ पड़ती हैं। इसलिए कानून से बचने का मेरा उद्योग शायद कुछ लोगों को निरी बेवकूफी ही लगे तो कोई आश्चर्य नहीं है। मैं अपनी ओर से इसे बेवकूफी नहीं मानता, कम-से-कम अपने भय को तो नहीं ही मानता। कारण यह है कि मैं साहित्य-नदी के बारे में यह डौंड़ी नहीं पिटवाना चाहता, 'अब रैहें न रैहें यहै समयो बहती नदी पाँय पखारि लै री' बहुतेरे पाँय पखार रहे हैं और कुछ तो भैंसों की तरह मड़िया भी ले रहे हैं, पर मैं स्वयं अमर जीवनदायिनी गंगा की

धार की दुर्दशा देख नहीं सकता। इसलिए अपने छिछोरेपन के लिए कल्याणी भाषा में क्षमा-याचना न भी करूँ तो कम-से-कम मन-ही-मन 'गलानि' तो कर ही सकता हूँ। उसी 'गलानि' की सफाई में मुझे कुछ लिखना है।

अनजाने आदमी की अपनी अनजानी गलती के इतिहास को भी भूमिका कोई कहना चाहे तो मुझे आपत्ति नहीं है, वैसे भूमिका के स्वीकृत माने में यह भूमिका नहीं है। असल में लक्षणा की कृपा कहिये या अर्थ-विस्तार का जादू कि आज भूमिका का अर्थ है भूमि को छोड़कर आकाश-पाताल एक करते हुए अन्त में अन्तरिक्ष में ओझल हो जाना, पर लोगों की नम्रता है कि उसे आकाशिका, पातालिका या अन्तरिक्षिका न कहकर महज भूमिका कह देते हैं। सो मेरी वैसी क्षमता नहीं है, मैं तो अपने निबन्ध-लेखन की विशेषताओं का बयान करने जा रहा हूँ। उस बयान की यह लम्बी-चौड़ी भूमिका जरूर मैंने बाँधी है, पर बयान मेरा सीधा सपाट होगा इतना विश्वास रखिये।

संस्कृत के पठन-पाठन की ही मेरे कुल में परम्परा रही है, पर मैं रुद्री के 'गणनां त्वा' के आगे न जा सका और ए बी सी डी सीखने लगा। यूनिवर्सिटी में पहुँचते-पहुँचते संस्कृत अध्ययन की ओर मेरा प्रत्यावर्त्तन हुआ और तभी एक ओर राबर्ट लुई स्टीवेंसन, टामस डिक्वेंसी, चार्ल्स लैम्ब और स्विफ्ट की कलमनवीसी से प्रभावित हुआ दूसरी ओर वाणभट्ट, भवभूति एवं अभिनवगुप्त पादाचार्य की भाषा-शक्ति का भक्त बना। मेरी तबियत भी गुलेरी, पूर्णसिंह, माधव मिश्र और बालमुकुन्द गुप्त की डगर पर चलने के लिए मचलने लगी और कागद-स्याही का मैंने काफी दुरुपयोग किया भी। भाषाडम्बर के पचीसों ठाठ बाँधे और उधेड़ दिये। यहाँ तक कि उन दिनों मित्रों के पास पत्र भी लिखता तो पन्ने रंग देता, बहुत से दाद भी देते और बहुतेरे तो चमत्कृत होकर रह जाते, कुछ जवाब ही नहीं देते। बाद में कुछ दिनों के लिए यह रसीला व्यापार जब केवल एक गँवई वाली तक सीमित रह गया था और उधर से प्रत्याशित प्रतिदान न मिलने से निराशा होने लगी थी, तब मेरी आँखें और संस्कृत के समास से भोजपुरी के व्यास की ओर एकदम खिंच आया। साहित्य का अधकचरा अध्ययन, मित्रों का प्रोत्साहन, पूरबी का स्नेहांचल-वीजन और अपना बेकार जीवन्...मेरे मध्य वित्तीय निबन्धों को यही दाय मिला है। पूर्वोक्त रससिद्ध लेखकों का ऋणी हूँ, यह कहकर उनको भी अपने साथ

घसीटूँ, इतना दुस्साहस मुझमें नहीं है किन्तु जिन मित्रों ने मुझे इस ओर आने के लिए प्रोत्साहित क्यों दुरुत्साहित किया है, उनके नाम मैंने अपने आभार में गिना दिये हैं।

व्यक्तियों के प्रभाव की बात तो यह हुई, जिन विचारों की छाप मेरे ऊपर मेरी जानकारी में पड़ी है, उनका भी कुछ ब्यौरा दे दूँ। व्यक्तिप्रधान निबन्ध में कुछ लोग विचारतत्व की खास उपयोगिता नहीं देखते और वैसे लोगों को शायद मेरे निबन्धों में विचारतत्व दीखे भी न, परन्तु मैं अपने आस्थाओं का अभिनिवेश रखे बिना कहीं भी नहीं रहना चाहता, निबन्धों में तो और भी नहीं। वैदिक सूक्तों के गरिमामय उद्‌गम से लेकर लोकगीतों के महासागर तक जिस अविच्छिन्न प्रवाह की उपलब्धि होती है, उस भारतीय भावधारा का मैं स्नातक हूँ। मेरी मान्यताओं का वही शाश्वत आधार है, मैं रेती में अपनी डेंगी नहीं चलाना चाहता और न जमीन के ऊपर बने रुँधे तालाबों में छपकोरी खेलना चाहता हूँ। इसलिए प्रचलित शब्दावली में अगर प्रगतिशील नहीं हूँ तो कम-से-कम प्रतिगामी भी नहीं ही हूँ। वैसे अगर भारत के राम और कृष्ण तथा सीता और राधा को प्रगति के दायरे से मतरूक़ न घोषित किया जाये तो मैं भी अच्छा खासा प्रगतिशील अपने को कह सकता हूँ, और अगर राम और कृष्ण के नाम ही के साथ प्रतिगामिता लगी हुई हो तो मुझे प्रतिगामी कहलाने में सुख ही है।

कुछ दिनों तक सम्मेलन की राजनैतिक गोलबन्दी में ज़रूर पड़ गया था, पर किसी साहित्यिक गोलबन्दी में मैं शरीक नहीं रहा हूँ। इसलिए न मुझको किसी का वरद हस्त प्राप्त है, न किसी के पूर्वग्रह की कड़वी घूँट ही। मानवता की समानभूमि पर मुझे सभी मिल जाते हैं। यों तो 'सहस नयन' 'सहस दस काना' और 'दो सहस' रसना वाले प्रणम्य महानुभाव जो न देख-सुन-कह सकें, उनसे मैं पनाह माँगता हूँ। इतना मैं और कह दूँ कि विलायती चीजों के आदान से मुझे विरोध नहीं है, बशर्ते कि उतनी मात्रा में प्रदान करने की अपने में क्षमता भी हो। इस सिलसिले में मुझे काशी के एक व्युत्पन्न पंडित के बारे में सुनी कहानी याद आ रही है। उन पंडित के पास जर्मनी से कुछ विद्वान आये (शायद उन दिनों जो विद्वान संस्कृत सीखने आते थे, उनका घर जर्मनी ही मान लिया जाता था, खैर) और उनके पास टिक गये। स्वागत-

सत्कार करते-करते पंडित जी को एक दिन सूझ आयी कि इन लोगों को भारतीय भोजन भारतीय ढंग से कराया जाये। सो वह इन्हें गंगा जी में नौका-विहार के लिए ले गये और गरमा-गरम कचालू बनवाकर भी लेते गये। नाव पर कचालू दोने में परसा गया, पंडित जी ने भर मुँह-कौर कचालू झोंक लिया, इसलिए उनकी देखादेखी जर्मन साहबों ने भी काफी कचालू एक साथ मुँह में डाला, और बस मुँह में जाने की देरी थी, लाल मिर्च का उनके संवेदनशील सुकंठ से संस्पर्श होते ही, वे नाच उठे और कोट-पैंट डाले ही एकदम गंगा जी में कूद पड़े। किसी तरह मल्लाहों ने उन्हें बचाया। पर इसके बाद उनका 'अदर्शनं लोप:' हो गया। दूसरे लोगों ने पंडित जी को ऐसी अभद्रता के लिए भलाबुरा कहा तो उधर से जवाब मिला...'इन लोगें ने हमें अंडा-शराब जैसी महँगी और निषिद्ध चीजें खानी सिखलायीं तो ठीक और मैंने शुद्ध चरपरे भारतीय भोजन की दीक्षा एक दिन इन लोगों को देने की कोशिश की तो मैं अभद्र हो गया?" लोग इस उत्तर से निरुत्तर हो गये। तो कहने का मतलब यह कि आदान-प्रदान का यह भी एक तरीका है और शास्त्रसम्मत तरीका है, काशीधाम की इस पर मुहर लगी हुई है। परन्तु मैं साहित्य में ऐसे आदान-प्रदान का पक्षपाती नहीं हूँ। सूफियों और वेदान्तियों के जैसे आदान-प्रदान का मैं स्वागत करने को तैयार हूँ, नहीं तो अपनी बपौती बची रहे, यही बहुत है।

इस प्रसंग में आज नाम आता है मार्क्स और फ्रायड का। अर्थ और काम के विवेचन में इनकी देन महनीय है, इसमें सन्देह नहीं किन्तु जब भारत में इनके अनुकलन (एडाप्टेशन की बात आती है तो बरबस हमारा ध्यान अपने धर्म की ओर चला जाता है। 'रेलीजन' से 'धर्म' में कितना भेद है, यह जो नहीं जानता वह भारतीय संस्कृति की समन्विति का ठीक-ठीक साक्षात्कार कर ही नहीं सकता। जन-संस्कृति की बात भी जो लोग आज बहुत करते हैं, वे 'जन' का इतिहास परखे बिना ही। भारत का धर्म किसी शासन-व्यवस्था का कवच या आवरण नहीं है, वह स्वयं भारतीय जीवन का अन्तर्मर्म है। उस धर्म के जितने लक्षण कहे गये हैं, सबमें से यही ध्वनि निकलती है, **'चोदना लक्षणो धर्मः**, आगे बढ़ने की प्रेरणा धर्म है, **'यतोऽभ्युदयनिःश्रेयःसंसिद्धि स धर्मः'**, जिससे अभ्युदय और परम और विश्वव्यापी कल्याण हो वह धर्म है। धर्म व्यक्ति और समाज दोनों में समरसता स्थापित करने वाला माध्यम है। उस धर्म

पर बेंठन और बेंठन जरूर पड़ता गया, पर इन खोलों को चीरने के बजाय भारतीय जीवन के मूल को उखाड़ फेंकना बुद्धिमानी नहीं है। इसलिए मार्क्स और फ्रायड की स्थापनाओं के शीर्ष पर व्यास का यह वाक्य मुझे झिलमिलाता मिलता है :

ऊर्ध्वबाहुर्विरोम्येष न च कश्चित श्रृणोति माम्।
धर्मादर्थश्च कामश्च स किमर्थं न सेव्यते॥

अर्थ और काम की आधार-रेखा के लिए धर्म ही शीर्षबिन्दु है और सुघटित समाज के लिए तीनों का समत्रिकोण अत्यावश्यक है।

कहाँ से कहाँ मैं बहक गया और सो भी विक्रमादित्य के न्यास-सिंहासन पर बैठकर, 'बाज सुराग कि गाँड़र ताँती', इसी को न ज्ञानलव-दुर्विदग्धता कहते हैं। खैर अपनी बात मुझे कहनी थी, इसलिए थोड़ा आत्मप्रलाप खप सकता था।

बस इतनी ही पृष्ठभूमि है जिसे देने का लोभ मैं संवरण न कर सका, यद्यपि मेरे मित्र नामवर सिंह ने मुझे इतना लिखने से भी बरजा था, उनके विचार में भूमिका लिखने का अर्थ आलोचक का कार्य सरल कर देना होता है, परन्तु मेरी इस बकवास का एकमात्र प्रयोजन है, पाठक और अपने बीच की दूरी को मिटा देना। अब अनुषंगवश आलोचक का कार्य भी सरल हो जाये तो मैं कुछ हर्ज नहीं समझता, विचारों को यों ही फुरसत नहीं रहती और कैंची चलाने में भी आजकल कम कष्ट नहीं है, बाजार में लोहमटिया की कैंचियाँ आती हैं एकदम भुथरीं। उनकी सुविधा के लिए दो-चार अंग्रेजी विशेषण यहाँ और दर्ज कर दूँ, जिनसे वे मुझे अलंकृत करना चाहेंगे, **इसोटेरिक** (दीक्षागम्य), **डिकेडेन्ट** (ह्रासोन्मुख), **रिऐक्शनरी** (प्रतिक्रियावादी), **डिलेटांटी** (पल्लवग्राही) और **बुर्जुआ** (परश्रमजीवी), दूसरे विशेषण भी मिल सकते हैं और मिलेंगे, पर मेरी आगे जनकारी नहीं है, अब तो मेरे निबन्ध ही जानें कि क्या उन्हें नसीब है।

■

1

छितवन की छाँह

छितवन से कुछ दिनों से अधिक परच गया हूँ। छितवन की उन्मादिनी सुरभि के साथ इस परिचय का एक कारण है; गन्ध को ही मैं परम तत्त्व मानता हूँ। बचपन से ही इस पार्थिव तत्त्व की ओर मन अधिक दौड़ता रहा है, और आज शब्द के आकाश-पथ में विहार करते हुए भी पार्थिव गन्ध बरबस कभी न कभी चित्त के चटुल विहंग को खींच लेती है। इस मिट्टी का गुण है गन्ध, जैसे आकाश का शब्द, वायु का स्पर्श, जल का रस और तेज का रूप। इसीलिए रूप के तेज के पुजारी चकाचौंध से अंधे हो जाते हैं, उन्हें देखने से भी आँच लगती है, रस के पुजारी शीतल और जड़ हो जाते हैं, स्पर्श के पुजारी को बाई छू लेती है, शब्द का पुजारी शून्य हो जाता है, पर पृथ्वी के गुण गन्ध का पुजारी पृथ्वी का ही नहीं, बल्कि समस्त विश्व का अमर श्रृंगार बन जाता है। गन्ध और गन्धवती की पूजा आसान नहीं। शब्द और आकाश तो कोने-कोने में अभिव्याप्त, ध्यान भर देने की आवश्यकता है और बुलाने पर समक्ष उपस्थित, रूप कुछ दुर्लभ है भी तो उसके आह्वान के लिए वैसा ही ग्राहक तेज भी अपेक्षित है, नहीं तो एकचारी पथ है ही नहीं, वहाँ दोनों ओर से प्रयत्न होना चाहिए जिसकी कोई गारंटी नहीं...स्पर्श में वह रंगीनी और मस्ती नहीं, एक क्षणिक तृप्ति है और गहरी उत्तेजना, बस आगे कुछ नहीं...रस चेतना नष्ट कर देने तथा जड़ता भर देने में ही अपनी सार्थकता समझता है, रसाकार भी इसीलिए जड़ात्मा कहलाता है...और गन्ध में प्रमोद-तत्त्व अपनी पूर्ण कला के साथ अवतीर्ण है। गन्ध का वाहक बनने में वायु अपना गौरव मानती है, गन्ध का आमोद पाकर रस उच्छ्वसित होकर आकृष्ट कर पाता है, गन्ध की लहक पाकर स्पर्श सुखद और मोहक हो जाता है और रूप को गन्ध न मिले तो फिर क्या, 'निर्गन्धा इव किंशुका:' डहडहाये पलाश की ओर आँख रमना चाहे भी

तो मन नहीं रमता। शब्द और गन्ध तो एक वृत्त के ही दो एक दूसरे के पूरक अर्धवृत्त हैं, शब्द महाशून्य का प्रतीक, गन्ध महापूर्ण का प्रतीक, शब्द सच्चिदानन्द की अनुभूति का चित्रपट है, गन्ध उस चित्रपट का स्थूल रूप है। इसीलिए शब्द तत्त्व के परमधाम के सत् और चित् भी परिमल-परिभोग से ही आनन्दवान् बन पाते हैं:—

दिव्यधुनीमकरन्दे परिमलपरिभोगसच्चिदानन्दे।
श्रीपतिपदारविन्दे भवभयखेदच्छिदे सदा वन्दे॥

शब्द की शून्य भीत पर ही इसी गन्ध के रंग-बिरंगे चित्र खींचने में ही युगों-युगों से भारती अपना जन्म सफल करती रही है। इस गन्ध और इस गन्ध की अधिष्ठात्री पृथ्वी की अर्चना इसलिए परम अर्चना है और इसमें बखेड़ा भी कम नहीं। पार्थिव साधना में विवेक और बुद्धि की, अनन्यता और एकाग्रता की, श्रद्धा और निष्ठा की तथा सन्तोष और क्षमा की जितनी तीव्र आवश्यकता है उतनी किसी अन्य साधना में नहीं हो सकती। यह संसिद्धि जन्मजन्मान्तर का हिसाब लगाती है, यहाँ सफलता पीढ़ियों-दर-पीढ़ियों का बलिदान माँगती है और यहाँ शान्ति अशान्ति का चिर विश्राम। यहाँ अपने कृत से कोई नहीं नापा जाता, अपने कार्य से नापा जाता है, यहाँ पुण्य की इतनी बड़ाई नहीं जितनी पुण्य के प्रयत्न की, पुण्य की प्राप्त्याशा की। यहाँ पाप की उतनी अगति नहीं, जिनती पुण्य के अभिमान की। यहाँ कीर्ति जीकर मरने में नहीं, बल्कि मर कर जीने में है। गन्ध-साधना, मैं बार-बार कहता हूँ, सबसे चरम और कठिन साधना है।

इस गन्ध-साधना का नन्दनवन यही छितवन है, जो जितना ही दूर रहता है, उतना ही मादक, जितना ही समीप, उतना ही सामान्य और निर्विशेष। छितवन में चम्पा के रूप का ज्वार नहीं, कुमुद का स्निग्ध शीतल स्पर्श नहीं, कमल का अलि-गुंजन नहीं, और न कदम्ब का मधुर रस। छितवन का सौन्दर्य व्यष्टि में नहीं, उसकी समष्टि में निहित है। छितवन के सौन्दर्य में लपट नहीं, आँच नहीं, छलछलाता हुआ मधुरस नहीं, मंजरित कलकंठ नहीं और पुलकस्पर्श नहीं, छितवन में है...गन्ध, शुद्ध गन्ध, निर्मिश्र गन्ध और पवित्र गन्ध, वह भी छितवन के एक-एक फूल में अलग-अलग नहीं, उसके समूचेपन में एक साथ है, अविभाज्य और अविकल। छितवन की छाँह में

भुजंग भी आते हैं पर अपना समस्त विष खोकर। छितवन पार्थिव शरीर के यौवन का प्रतीक है, उसकी समस्त मादकता का, उसकी सामूहिक चेतना का, उसके निश्शेष आत्मसमर्पण का और उसके निश्चल और शुभ्र अनुराग का। छितवन की छाँह में अतृप्ति की तृप्ति है, अरति की रति है और अथ की इति। पार्थिव यौवन भी तृप्ति का, रति का और इति का प्रतिबिम्ब है, पार्थिव यौवन जब जाता है तो फिर आता नहीं, यौवन-हरिण पीछे घूम के अतीत की संगीत-लहरी नहीं सुना करता और पार्थिव यौवन वितृष्णा में आकांक्षा का, वैराग्य से राग का, अभाव में पूर्ति का और पिपासा में उपशम का स्वप्न देखता रहता है, उसमें रात ही बीतती है, बात नहीं बीतती :

किमपि किमपि मन्दं मन्दमासत्तियोगादविरलितकपोलं जल्पतोरक्रमेण।
अशिथिलपरिरम्भव्यापृतैकैकदोष्णोरविदितगतयामा रात्रिरेवव्यरंसीत्॥

उस यौवन में विषय का भोग होता है, विषय की तृष्णा नहीं होती और चढ़ती बार अनगिन अवगुन कर के भी वह रसराज की लीला-भूमि होने के कारण परम प्रेमतत्त्व की रंगभूमि है और उसमें बूड़ने-बहने वालों में ही हमें इस जगत् के सबसे बड़े तारने वाले भी मिले हैं। वहाँ कालिदास का अग्निवर्ण यदि मिला है तो उसके साथ मिले हैं कालिदास के अज, भास के उदयन, भवभूति के माधव, बाणभट्ट के चन्द्रापीड़ और ब्रज साहित्य के कन्हैया। यौवन का उन्माद क्षय और विनाश के बीज कहीं बोता होगा, नहीं जानता, पर भारती के मन्दिर में तो इसी ने कालिदास, भारवि, माघ, बाण, अमरुक और पंडितराज जगन्नाथ की सृष्टि की है, इसी को श्यामोज्ज्वल रंग ब्रजभाषा के कवियों पर चढ़ा रहा है और इसी का मकरन्द तुलसी में सत्व के रूप में बसा हुआ है और मैं कहता हूँ, इसी के अभाव में कबिरा, दादू, यारी और बुल्ला पानी के बुल्ले की तरह तत्त्वहीन लगते हैं और इसके प्रकाश से घबड़ाकर इसकी प्रतिच्छाया में इन्द्र-धनष बुनने वाले कवि भी 'चमत्कृतिमात्रपर्यवसायित्व' का आकाश-प्रदीप मात्र जला पाये हैं, उनके काव्य हृदयग्राही नहीं हो पाये। यौवन के उन्माद ने शेली को गतिशीलता दी है, कीट्स को स्थिरता दी है और उसकी स्मृति की प्याली से संतोष करने वाले विचारे वड्र्सवर्थ को केवल एक हलका-सा रंग मिल सका है, जिसकी कंठ-मात्र तक लकीर खिंच पाती है, हृदय तक नहीं पहुँच पाती।

यह तो हुई पार्थिव यौवन की बात, और छितवन? आज तक किसी ने इस साधना की प्रतिमूर्ति छितवन को परखा नहीं, कमल में पुरइन की बूँद की तरह तरल और चंचल लक्ष्मी का प्रतीक लोगों ने ढूँढ़ निकाला, चम्पा में रूप के अभिमान की, शेफाली में तरुण अनुराग की, बन्धूक में अधर के आमन्त्रण की, कुमुदिनी में प्रकृति की कोमलता की, गुलाब में कीर्ति के सौरभ की और काश में मही के हास की खोज की जा चुकी है; जूही सन्ध्या के, बेला और हरसिंगार अधिरात के, कमल अरुणोदय के और बन्धूक दुपहरिया के शृंगार के रूप में सर्वमान्य हो चुके हैं; परन्तु किसी ने छितवन को भी उसके अनुरूप स्थान दिया? छितवन की-सी गन्ध पाकर मदोन्मद गज भारतीय सौन्दर्य की अभिव्यक्ति में सर्वप्रधान उपमानों में जा बैठा, पर छितवन बिचाने की ओर किसी ने एक दृष्टिपात तक नहीं किया? सब उसकी अयुग्मच्छदता और विषमपत्रता ही निहारते रहे, इसकी सुरभि के मर्म तक कोई पहुँच ही नहीं सका। छितवन है ही इसी प्रकार का। दूर से गन्ध को छोड़ कर कोई अन्य आकर्षण नहीं और समीप आने पर उसमें गन्ध की भी कोई विशेषता नहीं। पार्थिव यौवन का आगम जितना मनोहारी होता है, उतनी उसकी वास्तविकता नहीं, इसीलिए 'श्रुत रागिनी यदि मधुर है तो अश्रुत रागिनी मधुरतर' और अधकपटी गीत मधुरतम। पर इसका अर्थ यह नहीं कि आभास से ही संतुष्ट हो जाना चाहिए, कदापि नहीं। बिना भीतर पैठे इसकी सामान्यता का भी अनुभव हो नहीं सकता और बिना इस अनुभव के मनुष्य का जीवन अधूरा है, यौवन की विषयैषणा जीवन की तैयारी के लिए आवश्यक ही नहीं परमावश्यक है। इसे जानते थे...

शैशवेऽभ्यस्तविद्यानां यौवने विषयैषिणाम्।
वार्द्धके मुनिवृत्तीनां योगेनान्ते तनुत्यजाम्॥

के समन्वित चित्र का आत्म-दर्शन करने वाले कालिदास, इसे जानते थे...

विश्रामो हृदयस्य यत्र जरसा यस्यिमन्नहार्यो रसः।
कालेनावरणायत्यात्परिणते यत्स्नेहसारे स्थितम्॥

उस अद्वैत प्रेम की स्थापना करने वाले भवभूति, और इसे जानते थे शृंगार की गाथायें गाने वाले जनकवि, जिन्होंने एक भी उपभोग का पक्ष, एक भी कोना अछूता नहीं छोड़ा और जिनकी वाणी में प्रथम बार यौवन-काव्य की

अधिदेवता राधा का नाम आया। इसे नहीं जाना है अटपटे सन्तों ने और उनके अनुकरण के पीछे प्राण देने वाले पिछली खेवा के कवियों ने। व्यक्ति की विलक्षण अनुभूति में विश्वास करने वाले लोगों से आशा भी इसी की की जा सकती थी। वे शेली, कीट्स, टेनीसन और ब्राउनिंग का अनुसरण भाषा में और अभिव्यक्ति में तो करने चलते हैं, पर कभी उन्हें यह भी सोचने का अवकाश मिलता है कि शेली में शैली ही की द्रुतशीलता नहीं, जीवन की भी द्रुतशीलता है और पछुवा हवा को चुनौती देने वाला अदम्य वेग है, कल्पना की केवल रंगीनी ही नहीं, अनुभव की सूक्ष्म बारीकी भी है। कीट्स अभिव्यंजक शब्दों से ही केवल मणि-खचित और विजड़ित नहीं, वह पार्थिव गन्ध की सूक्ष्म से सूक्ष्म अनुभूतियों से जटित और मदमस्त है, वह उपभोग की स्थिरता में अवस्थित है, टेनीसन की भाषा मात्र लय और संगीत से विहसित नहीं, उसकी भावना भी लेडी ऑफ शैलाट की करुणा से द्रवित है, ब्राउनिंग तो जीवन के यथार्थ में, सु-कु के संघर्ष ही में, निरन्तर प्रयत्न की विरसता में ही, सौन्दर्य और मंगल देखते हैं। काश कभी उन्हें यह सब सोचने का अवकाश मिलता तो अपनी ऊँची दूकान में इतना फीका पकवान सजा कर नहीं रखते।

छितवन की छाँह हमें मिलती है मधुमास की नयी सन्ध्या में और वह फिर मिलती है कुआर की उमसी दोपहरी में। वह यौवन के चढ़ाव और उतार का मापदंड है। चढ़ते समय चढ़ाई के रंग और उमंग में और उतरते समय उतरने की खुमारी में लोग इसे भर आँख निहार नहीं पाते और जान नहीं पाते कि यह क्या है? इसीलिए बहुत कुछ इसके बारे में कही अनकही ही रह गयी है। अपनी बात मुझे याद है, मधुमास की नयी सन्ध्या थी, चारों ओर दखिनैया की नयी चेतना का संस्पर्श, रस का उमड़ता ज्वार, अनार, कचनार, और किंशुक के फूलों की लपट एवं कोकिल की काकली की स्वर लहरी की गूँज अभिव्याप्त। मैं अपने छितवन सरीखे दो उन्मादी मित्रों के साथ घूमने निकला था। रास्ते में एक बगीचा पड़ता था जिसके प्रवेश-द्वार पर ही छितवन की छाँह मिलती थी, उस उपवन में जाने और वहाँ से निकलने का एक यही द्वार इसलिए घूम-घाम कर लौटते हुए भी फिर इसी छितवन की छाँह मिलती थी। ठीक इसी के बगल में एक चौरस रास्ता चला गया था मरघट की ओर।

कभी-कभी हम मरघट भी घूम आते थे और रूप, रस, गन्ध, स्पर्श और शब्द का महानिलय भी देख आते थे उन झोपड़ियों के रन्ध्र से आने वाली मुखर बयार में। छितवन की वह मेरी पहली पहचान है और आज मुझे इतना गर्व है कि वह पहली पहचान ही पूरी पहचान रही, अपनी समग्र दुर्बलता और क्षमता को समेटे हुए। उसी समय यौवन का नश्वर और अनश्वर दोनों रूप अलग-अलग मन में बस गए, इसका मुझे बहुत बड़ा सुख है। मरघट जाते समय इसके नीचे हम छँहाते, और लौटते समय भी, जाते समय एक अनजानी-सी सिहरन होती और लौटते समय एक विचित्र-सी निर्भयता। मृत्यु का साक्षात् रूप न तो जाते समय मिलता और न लौटते समय तक उसके ऊपर विजय ही मिलती; पर जाती बार की सिहरन, लौटती बार की निर्भयता, आज भी स्मृति में सत्य बनी हुई हैं। यही नहीं, उस छितवन की छाया से जब हम बगीचे की ओर मुड़ते तो भी एक तरुण-सी अतृप्ति रहती, एक सहज-सी उत्कंठा, और जब हम लौट कर फिर वहाँ आते तो ऐसा लगता कि हम आकंठ परितृप्त हैं, कहीं कुछ तृप्तिप्रद है ही नहीं। यह अभाव और पूर्णत्व की भावना तभी न जाने कैसे विकसित हो गयी, नहीं जानता किस प्रेरणा से, हाँ, इससे जीवन को बहुत बड़ा सम्बल मिल गया, आगे का कंटकाकीर्ण पथ सदा के लिए सुरभित हो गया और ध्येय अत्यन्त स्पष्ट और उज्ज्वल। धूमिल ध्येय के पीछे भटकने की मनोवृत्ति नहीं बनी।

छितवन की दूसरी पहिचान है मुझे यौवन की रात्रि के प्रथम प्रहर में। विश्वविद्यालय के जीवन का लगभग अन्तिम सिरा और घेरे में बन्द होने की पहली तैयारी। मैं अपना गौना करा के लौट रहा था और छितौनी घाट पर पहली रात के पहले पहर में इस छितवन की छाँह में, मैंने लाल और सूजी हुई तरल आँखों में उत्कंठा की सफेद डोरी देखी, शिविका की यात्रा से श्लथ अंगों में एक नया आह्वान देखा और आसपास के सारे धूमिल वातावरण में एक बन्दी और पकड़ने का एंक अपूर्व उल्लास। जेठ के दिन थे, छितवन के गन्ध की मादकता कुछ स्थित हो चली थी। इसे छितवन में मधुमय बन्धनभरे आने वाले गृहस्थ जीवन की आधी झलक थी और इस छितवन में थी उसके स्थिर प्रेम के नीचे बैठी हुई वासना। 1942 के आन्दोलन के उन्मादी दिन पीछे छूट चुके थे और उसी के साथ पीछे छूट चुका था क्रान्ति का नया उन्माद भी।

कालिदास और वाणभट्ट की अब कुछ मीमांसा करने लायक बन गया था और उसी समय गले में वह रेशमी डोर इस छितवन की छाँह में पहली बार अपने असली माने में आ पड़ी, क्योंकि पाणि-पीड़न, हृदय-स्पर्श और शुभ-दृष्टि पर अभी मुहर नहीं लगी थी। उसकी बाकादा रजिस्ट्री आज हुई और हिब्बानामा पक्का हो गया, इस छितवन को साक्षी देकर। आज भी वह्नि और सूर्य से, सन्ध्या और रात्रि से, मित्र और वरुण से तथा गौरी और गणेश से इस साक्षी को मैं कम महत्व नहीं देता, ये देव साक्षी कर्त्तव्य के साक्षी हैं, प्रेम के नहीं, पर यह छितवन साक्षी है मेरी प्रीति का, मेरी प्रीति के प्रथम उत्सर्ग का और उसकी प्रथम प्राप्ति का। मेरे कुसुमित यौवन के दूसरे मोड़ पर का यह साक्षी, अब तक न जाने कितने प्रणय-कलहों की तपन के बीच, न जाने कितनी विकृत जीवन की दुर्गन्धों के बीच और न जाने कितनी विरसताओं के बीच स्नेह की समरसता का सम्बल देता रहा है। तब से न जाने कितनी बार दिये में स्नेह भरा गया होगा, न जाने कितनी बाती पूरी गयी होगी और न जाने कितना तम हरा गया होगा, पर जीवन-दीप की अखंड ज्योति की प्रेरणा मुझे मिली है, इस दूसरे छितवन की छाया से।

आज मैं तीसरे मोड़ पर खड़ा हुआ हूँ। बस जेठ से आगे भादों-कुआर समझिये। अभी कम्पनी बाग में से घूम कर लौटा हूँ। वहाँ भी लौटते हुए एक अकेला छितवन का पेड़ मिला। देखा, उसकी मादकता अब अपनें में ही मिल गयी है और उसकी तीव्रता तलछट में एकदम बैठकर स्थिर हो गयी है। ऊपर अब हलका-सा नशा रह गया है। असली नशे ने तो अन्तरतम में बसेरा ले लिया। बाहरी दृष्टि वाले कहेंगे की नशा उतर चला, पर मैं तो यही कहूँगा कि नशा और गहरे रंग में चढ़ चला, अब कभी उतर नहीं सके ऐसी गहराई तक यह पहुँच गया। मानता हूँ सावन की हरियरी नहीं, जेठ की प्रखर प्रभा नहीं और वसन्त का जाफ़रानी रंग नहीं, निरभ्र दुग्ध धवल शुभ्रता में प्रकृति निखर उठी है और इसके शुभ्र और उज्ज्वल आलोक में गगन की शून्यता भी खिल उठी है। इसकी प्रसादी पाकर ही गगन-विहारिणी, मराल-वाहिनी भारती को इतनी उड़ान भरने का बल मिल सका है और अब उड़ान भर कर वहीं एक बार वह पुनः विश्राम लेना चाहती है। इस भवाम्बुधि में उड़ते-उड़ते इसी छितवन के जहाज पर आकर विश्राम लेना पड़ता है, पार्थिव प्रेम की यही

सार्थकता है। इसको 'विश्रामो हृदयस्य' कहने वाले भवभूति इस तीसरे छितवन की चौमुहानी पर पहुँच चुके थे और 'घर वही है जो थके को रैन भर का हो बसेरा' की उक्ति भी इस अनुभूति की परिणति के अनन्तर ही सम्भव हुई है। आज का छितवन पार्थिव जीवन के संचित स्नेह का प्रतीक है और इसमें उस जीवन की समष्टि, सिमट कर लुका-छिपी खेलते-खेलते सदा के लिए नवीन हो गयी है। छितवन की छाँह दोनों है, आँख-मिचौनी की दौड़-धूप और उसकी मीठी थकान। यही उसकी पूर्णता है।

यह तो छितवन के बारे में अपने मस्तमौला लोगों की बात हुई जिन्हें 'माँगि के खाइबो मसीत को सोइबो, लैबे को एक न दैबे को दोऊ' का परम निश्चिन्त जीवन बिताते हुए समस्त जगत् के ऐश्वर्य की लात मारना है, पर कुछ लोक के मन की भी बात सुनी जाय। लोक में छितवन के बारे में प्रसिद्धि है कि इसकी छाया में जाते ही आदमी के सब पुण्य खतम हो जाते हैं, इसीलिए इसे कोई लगाता नहीं। यह अपने आप धरती फोड़कर छितरा कर इतराता है। उस लोक के है भी यही अनुरूप, जिसमें दिये की बत्ती 'बुझायी' नहीं जाती 'बढ़ायी' जाती है, जहाँ मृत्यु-तिथि को पुण्य-तिथि कहा जाता है, जहाँ विपत्ति, सिर पर रहती भी है तो ग्रहों के ऊपर दोष मढ़ा जाता है तथा जहाँ अमंगल को स्वप्न में भी स्थान नहीं मिलता है और दिन-रात मंगल का ही गान होता रहता है...जब कि ठीक इसके विपरीत मंगल की छाती पर चौबीसों घंटे अमंगल सवार रहा करता है। वहाँ परम-मंगल के महासाधक योगीश्वर शिव नहीं न्यौते जाते, विघ्ननायक गणेश की वन्दना पहले होती है, वहाँ नि:श्रेयस-पथ के पथिक संन्यासी का दर्शन अशुभ, और पाप की तीर्थयात्रिणी शुभदर्शन मानी जाती है। लोग आपात मंगल के आगे कुछ सोच नहीं पाते, क्योंकि परम मंगल तक पहुँचने के लिए बीच में अमंगल का गहन जंगल पड़ता है। उसमें पैठने का लोगों में साहस ही नहीं होता। अब इनके लिए कोई क्या करे? हम तो ठहरे श्मशान-साधना के कापालिक, हम अमंगल के शव की छाती पर बैठ कर उसे शिव में परिवर्तित करने का संकल्प लेके आये, हम जानते हैं कि पृथ्वी पर यौवन विनाश के असंख्य छिद्र लेकर आता है, दुर्बलताओं की आँधी लेकर आता है, लेकिन साथ ही जल-प्रपात का उद्दाम महावेग भी। हम जानते हैं कि इस यौवन की बुराई करते-करते

नीतिकारों का तालू सूख गया है। हम जानते हैं कि अनुभव का लम्बा मुँह लटकाए बहुत से लोग अपनी भूलों की गाथा से हमें चेतावनी देने लगेंगे। परन्तु हम विवश हैं, पुण्य का क्षय हो जाय, हम तो छितवन की छाँह को पुण्य से भी महान् मानते हैं।

पुण्य का क्षय? इससे भयभीत कौन होता है जो पाप की गठरी से घबराये, पर हमारे लिए तो दोनों एक-से बोझीले, शायद पाप के अधिक बोझीला पुण्य होता है, क्योंकि तत्त्वतः मनुष्य जितनी आसानी के साथ पाप का फल दुःख झेल सकता है, उतनी आसानी के साथ निर्विकार भाव से पुण्य का फल सुख नहीं भोग सकता है। जनक जैसे विदेह राजयोगी बिरले होते हैं, अधिकतर लोग पुण्य के मोह से चिपके रहते हैं और अपनी संतति-परंपरा के लिए भी पुण्य की जाली बुनके जाना चाहते हैं। न जाने लोग क्यों भूल जाते हैं कि मोक्ष के लिए पाप के क्षय से पुण्य का क्षय अधिक आवश्यक है, और पाप का क्षय परिताप से हो भी जाय, पर पुण्य का क्षय शीघ्र नहीं हो पाता, लोग बड़े कंजूस जो होते हैं। इसलिए हम क्यों घबरायें इस छितवन को छाँह में बिलमने से और पार्थिव यौवन का पूरा उपभोग करने से? पुण्य का बन्धन कट जाय, पाप के बन्धन के लिए हरि-भजन कर लेंगे। रही बात घर-घर घाट-घाट छितवन के पेड़ लगाने की, उसकी सलाह न दूँगा, क्योंकि सब का मन एक-सा नहीं होता और सब अपने जीवन के साथ इतना बड़ा जुआ खेलने को तैयार नहीं मिलते। जहाँ मरघट होगा वहाँ छितवन का पेड़ मिलेगा ही, चिता की चिराँयध गन्ध का प्रतिकर देने के लिए, और मरघट न होगा तो मनुष्य सियार और कुत्ता बन जायगा। छितवन के लिए किसी वनमहोत्सव की अपेक्षा नहीं, वह मरघट का शृंगार है। वह मिट्टी के शरीर का उत्कर्ष है और शरीर के मिट्टी में मिल जाने पर उसका एकमात्र अवशेष। इसकी छाया में आने वालों, सँभल के आना, सोच-विचार के आना, अपना सुकृत लुटा के आना और आना तो फिर कभी रोना नहीं, इस पार्थिक साधना में जिसका दूसरा रूप सच्ची साहित्य-साधना ही है, दुःख की आशा करके आना और तब अनन्त मस्ती लहराती मिलेगी, जहाँ आने पर लौट के जा न सकोगे, श्रुति पुकार रही है...'न स पुनरावर्तते न स पुनरावर्तते'।

—आश्विन 2007, प्रयाग

2

हरसिंगार

सखि स विजितो वीणावाद्यैः कयाप्यपरस्त्रिया
पणितमभवत्ताभ्यां तत्र क्षपाललितं ध्रुवम।
कथमितरथा शेफालीषु स्खलत्कुसमास्वपि
प्रसरति नभोमध्येऽपीन्दौ प्रियेण विलम्ब्यते।

किसी प्रेयसी ने प्रिय की स्वागत की तैयारी की है, समय बीत गया है, उत्कंठा जगती जा रही है, आधी रात गिर रही है, सावन-भादों की बदली-कटी हरी-हरी-सी चाँदनी छिटक रही है, मन में दुश्चिन्तायें होती हैं कि कहीं ऐसा तो नहीं हुआ, अन्त में सखी से अपना अन्तिम अनुमान कह सुनाती है...सखि, प्रिय रुकते नहीं, पर बात ऐसी आ पड़ी है कि वे मेरी चिन्ता में वीणा में एकाग्रता न ला सके होंगे, इसलिए बीन की होड़ में उस नागरी से हार गये होंगे और शायद हारने पर शर्त रही होगी रात भर वहीं संगीत जमाने की, इसीसे वह विलम गये। नहीं तो सोचो भला, चाँद बीच आकाश में आ गया, और हरसिंगार के फूल ढुरने लगे, इतनी देर वे कभी लगाते?

सो हरसिंगार के फूल की ढुरन ही धैर्य की अन्तिम सीमा है, मान की पहली उकसान है और प्रणय-वेदना की सबसे भीतरी पर्त। हरसिंगार बरसात के उत्तरार्द्ध का फूल है, जब बादलों को अपना बचा-खुचा सर्वस्व लुटा देने की चिंता हो जाती है, जब मघा और पूर्वा में झड़ी लगाने की होड़ लग जाती है और जब धनिया का रंग इस झड़ी से धुल जाने के लिए व्यग्र-सा हो जाता है। हरसिंगार के फूलों को झड़ी भी निशीथ के गजर के साथ ही शुरू होती है और शुरू होकर तभी थमती है जब पेड़ में एक भी वृन्त नहीं रह जाता। सबेरा होते-होते हरसिंगार शान्त और स्थिर हो जाता है, उसके नीचे की जमीन फूलों से फूलकर बहुत ही झीनी गन्ध से उच्छ्वसित हो उठती है। हाँ, बदली की

झड़ी के साथ मुरज के वाद्य और चपला के नृत्य भी चलते रहते हैं, पर हरसिंगार चुपचाप बिना किसी साज-बाज के अपना पुष्पदान किया करता है, किसी चातक की पुकार की वह प्रतीक्षा नहीं करता, किसी झिल्ली की झंकार की वह याचना नहीं करता और किसी चपला के परिरम्भ की चाहना नहीं करता। वह देता चला जाता है, जब तक कि उसके एक भी वृन्त में एक भी फूल बचा रहता है। हाँ, वह कली नहीं देता, उसके दान में अधकचरापन या अधूरापन नहीं होता। वह सर्वस्वदान करता है, पर समूचा समूचा। वह धनिया (धन्या, प्रिया) की रो-रोकर सूखती आँखों को नीर चाहे न देता हो, पर उसके हृदय की वीरान हरियाली को शुभ्र अनुराग अवश्य प्रदान करता है। हरसिंगार के फूल की पंखुड़ियाँ सफेदी देती हैं, पर उनका अन्तस्तल ऐसा गहरा कुसुम्भी रंग देता है कि उसमें सफेदी डूब-सी जाती है। सात्त्विक प्रेम की असली पहचान है हरसिंगार, ऊपर से बहुत ही सामान्य और मटमैला, पर भीतर गहरा मजीठी, जहाँ छू जाय वहाँ भी अपना रंग चढ़ा दे, इतना भीतर-भीतर चटकीला। इसीलिए हरसिंगार की ढुरन पा कर उत्कंठा और तीव्र हो जाती है, मान और बलवान् हो जाता है और दर्द और नशीला।

बरसात आ गयी है। बादल दग़ा दे गये हैं, पर इतना मालूम है कि दरवाजे पर बरसों से खड़ा हरसिंगार दग़ा न देगा। बादल आते हैं तो भी आसमान रोता है और बादल नहीं आते हैं तो भी रोता है। उसका रोना तो लगा ही रहता है। सूनेपन का जिसका पुराना रोग होगा, वह विहँस ही कब सकेगा? बादलों की भीड़ जुटती है, नक्षत्रों की सभा होती है और पखेरुओं की परिक्रमा होती है, पर क्या आकाश का सूनापन एक तिल भी घट पाया है? सूनी दुनिया को कोई आज तक बसा भी सका है कि अब बसायेगा? पर मैं आसमान नहीं हूँ, बन भी नहीं पाऊँगा, उतना धुँधला, उतना अछोर, उतना सूना और उतना महान् बनने की कल्पना भी मेरे लिए दुस्सह है, मैं धरती की पिछली संतान हूँ, मेरा दाय इस धरती की अक्षमताओं और सीमाओं से बँधा हुआ है। मेरी सब से बड़ी क्षमता है क्षमा, बल्कि ठीक कहूँ तो तितिक्षा। क्षमा तो दैवी वरदान है, पर मनुष्य केवल सहन करने की इच्छा रख सकता है, सो मेरी सब से बड़ी शक्ति यही इच्छा है। इस तितिक्षा को नये-नये बादलों से क्या लेना-देना? इसका लेन-देन केवल धरती की छाती पर उगे हरसिंगार से हो सकता है। सब

कुछ लुटा कर हरसिंगार चुप रहता है, वह धरती को उसके स्नेह का प्रतिदान देकर, फिर कुछ कामना नहीं रखता। अपने दान में तनिक भी तो उतावली नहीं दिखाता, जब तक रात उतरने को नहीं होती, जब तक चाँद उतरने को नहीं होता, जब तक झिल्ली की झंकार की गूँज धीरे-धीरे दूर होने को नहीं होती और जब तक पपीहा सोने को नहीं होता, तब तक वह धीरज नहीं खोता। बादल अधीर हो जाते हैं, बादलों में लुका-छिपी खेलने वाला चाँद अधीर हो जाता है, सूने आकाश में खोने वाले चातक और चकोर अधीर हो जाते हैं, पर हरसिंगार अधीर नहीं होता।

जीवन के नीरव निशीथ में, विरह के अनन्त अन्धकार में और निराशा की विराट् निश्शब्दता में धीरज के ललौहें फूल बरसाना उसका काम है। घनघोर श्यामल रंग के फैलाव में ललछँही बुन्दी छिटकाना उसका काम है। श्याम रंग है श्रृंगार का भी, मृत्यु का भी। पर श्रृंगार के आधार रति का अनुराग इसी केसरिया रंग से है। सावन की हरियरी में और भादों की अँधियारी में वसन्त की सुधि दिलाने के लिए ही हरसिंगार अपनी वसंती बूँदी बरसाता है। पर हरसिंगार का सम्बन्ध मृत्यु से भी है। वह श्मशानवासी हर का श्रृंगार है। श्रृंगार और मृत्यु में भी कुछ सादृश्य अवश्य है, तभी तो श्रृंगार के उपक्रम में भी बारात चलती है और मृत्यु के अनुक्रम में भी बारात चलती है; दोनों बारातों में गाजे-बाजे रहते हैं। प्रेम स्वयं क्या मृत्यु नहीं है? काम की दश दशाओं में सबसे चरम दशा है...मृति। इस मृति में ही प्रेम की पूर्णता है।

दृंङ्मनःसंगसंकल्पो जागरः कृशता रतिः।
प्रलयश्च मृतिश्चैव हीत्यनंगदशा दश॥

और क्या सावन-भादों के तथाकथित जीवनदाता 'परजन्य' विष बरसाने नहीं आते,

भ्रमिमरतिमलसहृदयतां प्रलयं मूर्च्छां तम शरीरसादम्।
मरणं च जलदभुजगजं प्रसह्य कुरुते विषं यियोगिनीनाम्॥

जलदभुजंगों का विष वियोगिनी के ऊपर क्या-क्या आपदा नहीं ढाता, चक्कर, अरुचि, आलस, निश्चेष्टा, मूर्छा, आँखों के आगे अँधेरा, शरीर में अवसन्नता और अन्त में मौत भी सभी कुछ तो कर दिखाता है। उस विष का

उपचार करने के लिए ही हरसिंगार की ढुरन मानों महावररञ्जित शशिकला का सुधास्राव है। हरसिंगार है शिव के भालेन्दु का जावकमय शृंगार, उसमें ऊपरी सिताभा है चन्द्रमा की, पर उसके भीतर की ललाई है भवानी की एँड़ियों के महावर की। इस महावर को पाकर ही महामृत्यु और विध्वंस के दैवत हर शंकर हो सके हैं और मृत्यु भी मनोरम और काम्य हो सकी है। हरसिंगार, प्रेम की मरण दशा में अनुराग की सुधाविन्दु छिड़का करके अपना नाम सार्थक कर देता है। प्रेम जगत् में सबसे बड़ा अमंगल बना रहे, यदि उसे हरसिंगार का मंगलदान न मिले। प्रेम के दैवत अनंग को प्रेत-योनि से मुक्ति न मिले, यदि उसे रति की तपस्या का वरदान न मिले। जगत् में प्यार करना इसीलिए अभिशाप हो जाता है, यदि उस प्यार को कहीं पहचान नहीं मिलती है। हरसिंगार अनपहचाने प्यार की इस दारुण अभिशप्त यन्त्रणा को परम आमोद प्रदान करता है, अकेलेपन की असीम बेकली को प्रीति की उदारता देता है और 'पछतानि' के शत-शत बिच्छुओं के दंश को सान्त्वना को मीठी नींद देता है। प्रेम जब खो जाता है तब हरसिंगार की छाँह में ही आकर वह अपनी राह पा जाता है, एक से निराश होकर वह बहु का आशाप्रद हो जाता है। एकोन्मुख प्रेम की मृत्यु को बहून्मुख प्रसार का जीवन देना यही हरसिंगार का संदेश है, श्मशान के चिताभस्म को विभूति में परिवर्तित कर देना, यही उसका लक्ष्य है। बादल तो जहाँ सुख है, वहीं और अधिक सुख देंगे, जहाँ कंठाश्लेष पहले से है वहीं लिपटन की और चाह देंगे, जहाँ खेत पहले से जोता हुआ है, वही सोंधी उसांस देंगे, जहाँ कदम्ब है, वहीं कजली की तान देंगे और जहाँ रस है, वहीं उमड़ाव देंगे। पर ऊसर को हरा भरा करने वाले बादल कभी दिखे हैं, विरही को जुड़ाने वाले बादल कहीं मिले हैं, और निष्प्राण को जीने की प्रेरणा देने वाले बादल कहीं सुनने में आये हैं?

आज मुझे भी हरसिंगार की ही ज़रूरत है। घोर दुर्दिन की झड़ी में बसंती बहार की याद दिलाने वाला कोई नहीं है। कोयल भी 'अतीत स्मृति से खिंचे हुए बीन तार' नहीं छेड़ती। मूसलाधार वर्षा से पात-पात झहरा उठे, पपीहे को बैठने के लिए ठौर मिले, तभी तो 'पी कहाँ पी कहाँ' वह पुकारे। हाँ, मेंढकों की टर-टर है, कान फोड़ने वाली झींगुरों की जमात है। मांडूक्योपनिषद् की

ज्ञान-चर्चा लेकर मैं क्या करूँगा? दूसरे के कपड़े पर दलाल बनने वाले झींगुरों की व्यवहार-कुशलता ले कर मैं क्या करूँगा? मैं खोया और हारा हुआ प्रेम-पथिक, मुझे दूसरी राह दिखा कर के कोई भटकाये क्यों? आज मेरा सब कुछ भस्मसात्प्राय है। हाँ राख गरम है, ऊपर से आँसुओं भरी बरसात पड़ती रही है, पर तब भी राख गरम है। इस राख को जुड़वाने जाऊँ तो कहाँ जाऊँ? सिवाय इस पुराने हरसिंगार के। मेरी कामनाओं की राख पाकर इसमें और मनों फूल आये, यही बस एक कामना है, या सच कहूँ तो कामना की राख की गरमी बच रही है। स्वयं शायद हरसिंगार की दानशीलता इस जनम में न पा सकूँ, शायद प्रीतिपात्र के बारे में हरसिंगार की निरपेक्षता भी मुझमें न आ सके और शायद इस जनम क्या सौ-सौ जनम में भी उसका सात्विक अनुराग न आ सके। पर यह ललक मन में जरूर है कि प्रीतिदग्ध प्राणों को तब तक हरसिंगार के फूलों की सिहान मिलती रहे। जब तक कोई सविता आ कर प्रकाश से उसे जगाता नहीं।

विलायती कल्पना में, गहन अन्ध गर्त्त में काया सोयी रहती है और इज़राईल कयामत के दिन आकर उसे जगाता है, पर स्वदेशी मान्यता में मन क्लान्त हो कर सो जाता है और सुषुप्ति के बीच तुरीयावस्था जगाती है। सो मैं भी काया के सोने-जगने की चिन्ता नहीं करता, इतना जानता हूँ कि मन जब तक सो नहीं जाता, तब तक यह बँधा ही रहता है। जब तक यह बंधन तोड़ने के लिए विकट से विकटतर प्रयत्न करता है, तब तक एक कड़ी टूटती है तो उससे भी अधिक जकड़दार कड़ी जुड़ जाती है और इसे साँस लेने के लिये भी आराम नहीं मिलता, जगत् के इस विशाल पिंजड़े में जब हार मान कर यह बैठ जाय, जब इसे अपनी बद्धता का बोध हो जाय और जब यह बिल्कुल निरुपाय हो जाय, तभी पिंजड़े का द्वार भी खुलता है, बेड़ियाँ भी कटती हैं और पंख भी सीधे हो जाते हैं। प्रेम इस मन का बन्धन और मोक्ष दोनों है, प्रेम के बन्धन से मन जितना ही दूर भागना चाहता है, उतना ही नगीच खिंचता है और इस बंधन में जितना ही वह पड़ता है, उतना ही इससे खिंचने की भी कोशिश करता है, अंत में वह प्रेम के बन्धन की अनन्तता में ही मोक्ष पा जाता है। यही सीधा प्रेम योग है, एक के संग के लोभ से मन एक की ओर ही खिंच जाता है, पर उस एक के विछोह में 'त्रिभुवन के साथ तन्मय' हो जाता है।

उसकी यह तन्मयता मोक्ष की पहली सीढ़ी है। उस तन्मयता की भी पहली सीढ़ी है अशेष उदारता, जिसकी सीख देता है हरसिंगार। आज मुझे सब से अधिक इस सीख की जरूरत है। हरसिंगार अपने आप कुसुम गिराता है, उसकी डाल झहरानी नहीं पड़ती है, जो झहराने का गँवारपना करता है, उसके लिए 'गाहा सत्तसई' की चेतावनी है...

उच्चिणसु पडिअ कुसुमं धुण सेहालिअं हलिअसुण्हे।
अह दे बिसमविरावो ससुरेण सुओ वलअसद्दो॥

'गँवार हलवाहिनि, गिरे हुए फूलों को ही चुनो, हरसिंगार की डाल मत झहराओ, झहराने से वह फूल न देगा, वह उलटे देखो डाल झहराते समय जो तुम्हारी चूड़ियाँ खनकेंगी, उसकी भनक तुम्हारे ससुर के कान में पड़ जायेगी।'

यौवन की अँधेरी रात में प्रेम से अभिसार करने वाली प्रवृत्तियों के लिए भी यह मधुर चेतावनी है। जो अभिसार करते हुए भी शिव के श्रृंगार को बटोरता है, उसे धैर्य धारण करना चाहिए। इकटे शिव को श्रृंगारमाला बटोरने का उत्साह सारे किये-कराये पर पानी फेर देता है। 'शिव' और 'सुन्दर' के संयोग के लिए 'सत्य' की अर्थात् एकनिष्ठा की नितान्त आवश्यकता है। कोई वस्तु होती है, तभी वह प्रतीत भी होती है और प्रतीत होने पर ही प्रिय भी होती है। बिना 'अस्ति' के 'भाति' नहीं और बिना 'भाति' के 'प्रियम्' नहीं। 'सत्यं शिवं सुन्दरम्' इस 'अस्ति भाति प्रियम' का ही अधविलायती रूपान्तर है। हमारे यहाँ 'अस्ति भाति प्रियम्' का दूसरा पक्ष है 'रूप-नाम' जो विलायत में मान्य क्या सह्य भी नहीं है। 'रूप-नाम में' ही 'अस्ति भाति प्रियम्' अपनी अभिव्यक्ति जोहते हैं। हमारा हरसिंगार जिसका सिंगार है, वह रूप-नाम वाला है, मूर्त्त है, अरूप, अनाम और अमूर्त नहीं। गंधाधर और चन्द्रकला अनदेखी चीजें नहीं हैं। इस गंगा की डाह ने चन्द्रकला को महाशक्ति के चरणपात द्वारा हरसिंगार की लाली प्रदान की है। शक्ति डाह न करे तो लाली नहीं ही आती। अमृत में भी जड़ता आ जाय, यदि प्रेम की ईर्ष्या उसमें उद्वेलन न पैदा करे। ईर्ष्या के बिना प्रेम निर्जीव हो जाता है, मुर्दा हो जाता है। जो अपने प्रेम-पात्र से जितना ही अधिक पाना चाहता है, उतना ही अधिक अपना प्रेम भी दे पाता है। यह दूसरी बात है, ऐसी चाहना पूरी नहीं होती और पूरी न होने पर प्रेमी

का हृदय दूसरों के लिए मनोरंजन की सामग्री चाहे बने, अपने लिए गरलगलन बन जाता है। हरसिंगार के फूल भी रँगने के काम में आते हैं, प्रेमी के हृदय की ही भाँति, पर रँगना उनका अन्तिम उपयोग नहीं। उन फूलों की शोभा तो शिव के मस्तक पर है, प्रेमी के हृदय की भी शोभा जन-शिव के शीश पर है, यों तो उन्हें मसल कर रंग निकालने वाली रंगरेजिनें तो डगर-मगर मिलेंगी।

—भाद्रपद 2008, गोरखपुर

3

गऊचोरी

बाढ़ उतार पर थी और मैं नाव से गाँव जा रहा था। रास्ता लम्बा था, कुआर की चढ़ती धूप, किसी तरह विषगर्भ दुपहरी काटनी थी, इसलिए माझी से ही बातचीत का सिलसिला जमाया। शहर से लौटने पर गाँव का हाल-चाल पूछना जरूरी-सा हो जाता है, सो मैंने उसी से शुरू किया...'कह सहती, गाँव-गड़ा के हाल चाल कइसन बा।' सहती को भी डाँड़ खेते-खेते ऊब मालूम हो रही थी, बोलने के लिए मुँह खुल गया—'बाबू का बताई, भदई फसिल गंगा भइया ले लिहली, रब्बी के बावग का होई, अबहिन खेत खाली होई तब्बे न, ओहू पर गोरू के हटवले के बड़ा जोर बा, केहू मारे डरन बहरा गोरू नाहीं बाँधत बा, हमार असाढ़ में खरीदल गोई कवनी छोरवा दिहलसि, ओही के तलास में तीनों लरिके बिना दाना पानी कइले पाँच दिन से निकसल बाटें।' इतना कह कर गरीब आदमी सुबकने लगा। कुछ सान्त्वना देने की गरज से मैंने पूछा—'कहीं कुछ सोरिपता नाहीं लगत बा। फलाने बाबा के गोड़ नाहीं पुजल?' जवाब में वह यकायक क्रोध में फनफना उठा—'बाबू रउरहू अनजान बनि जाईलें। माँगत त बाटें तीन सैकड़ा, कहाँ से घर-दुआर बेंचि के एतना रुपया जुटाईं। सब इनही के माया हवे, एही के बजरिये बा'। तब सोचा हाँ, जो त्राता है वही तो भक्षक भी है। गऊ चुराने वाला गोभक्षक नहीं गोरक्षक ही तो है। हमारे गाँवों में गऊचोरी से बड़ी शायद कोई समस्या न हो।

सहती माँझी का रोना गाँव-गाँव का रोना है। गऊचोरी के व्यवसाय के कई रूप हैं। पहला रूप है पशुओं को खूँटे से छोड़कर एक ठीहे (अड्डे) से दूसरे ठीहे पर घुमाते रहना जब तक उनका समुचित पनहा (प्रतिकर) किसी माध्यम द्वारा वसूल न हो जाय। इस व्यवसाय के पाँच टुकड़े होते हैं, पहला जो यह संकेतित करता है कि इनके पशु चुराये जायें, दूसरा जो पशु खूँटे से

छोड़कर एक गाँव से दूसरे गाँव पहुँचा देता है, तीसरा जो यत्न करता है कि समीप के ठीहे से ही सौदा पटा लिया जाय, चौथा जो चुराये पशु को एक ठीहा से दूसरे ठीहा तक पहुँचाये और पाँचवाँ जो ठीहों का नियन्त्रण तथा चोरी के माल का बँटवारा आदि करे। इसमें पहली, तीसरी और पाँचवीं कोटि में गाँव के प्राय: सम्भ्रान्त लोग आते हैं, दूसरी श्रेणी में आते हैं मनचले छोकरे और चौथी में पक्के डकैत और लठैत। व्यवसाय इतना सुसंगठित है कि भारतीय दंड-विधान की धाराओं की पकड़ में आ ही नहीं सकता।

इस गऊचोरी का विकसित रूप है भूमि की चोरी। दूसरे प्रान्त की बात नहीं जानता पर अपने प्रान्त में जमीन की शायद उन्नीस-बीस किस्में होती हैं और कागद में किस्मों की हेर-फेर के साथ अनपढ़ किसान की किस्मत की हेर-फेर हुआ करती है। इस कागदी चोरी में भी पाँच हिस्सेदारी होते रहे हैं, पटवारी, जमींदार, जो शायद अब भूमिधर कहलाने जा रहे हैं, जमींदार के पिट्ठू चरकटे, नये कमासुत जवान और गाँव के साहू। सिलसिला यों चलता है, कोई बेवा हुई या कोई उजबक लापरवाह किसान हुआ, उसकी सूचना चरकटे पटवारी और जमींदार को देते हैं, बस पटवारी और जमींदार मिलकर जाल रचते हैं, जाल में फँसाये जाते हैं आराकसी से कमा कर नया रुपया लाये गबरू जवान। मुंशी जी मिश्री घोलकर कहते हैं—'परदेसी, का ताकत बाट अइसन नम्मर एक के जमीन हजार रुपया बिगह पर नाहीं पइब, रुपया केहु लगे रहि जाला, कुछ गोसयाँ के चढ़ाव ते तुहार भाग चमकि जाय'। चरकटे परदेसी को और चंग पर चढ़ाते हैं फिर वह नशे में बुत्त होकर बातचीत शुरू करता है, तब जाकर मेघगम्भीर स्वर में प्रभु की वाणी खुलती है—मुझे चार सौ रुपये अमुक से मिल रहे थे, पर मैंने देखा वह गाँजा पीता है, धरती मैया की इज्जत नहीं रखेगा, इसलिए साफ इनकार कर दिया, तुम मिहनती आदमी हो, बराबर सेवा में लगे रहते हो, तुम्हें साढ़े तीन सौ रुपये में ही दे दिया जायेगा। इतने में पोपले मुँह वाले मुंशी जी चश्मे की कमानी उतार कर गिद्ध की तरह घेंच निकालते हैं—हें हें, मालिक कुछ कलमियों के त पूजा चाहीं, एही के जोर से सब करे धरे के हैं, कानूनगो बड़ा सरकश बा, नटई दबा के हमसे पचास रुपया ले लेई, ऐसे एक सैकड़ा के गोर हमारा लगा दीहल जाय'। अन्त में शायद कुल चार सौ पर सौदा पटता है, इतना रुपया परदेसी के पास

रहता तो है नहीं, विवश होकर फेंकू साहू की उदारता की शरण में उसे जाना पड़ता है। पहले से उनकी साँठ-गाँठ भी रहती है। रुपये का बाकायदा बँटवारा होता है, परदेसी को बेवा से छीन कर जमीन क्या दी जाती है उसके पैर से सात जनम में भी न अदा होने वाले कर्ज की जंजीर बाँध दी जाती है, बेवा एक ओर जार-बेजार रोती हैं, जमीन एक ओर रोती है क्योंकि परदेसी को उसके नाम पर परदेसी ही हो जाना पड़ता है, फेंकू साहू अलग झींकते हैं कि रुपया डूब गया। अन्त में उस जमीन पर दूसरी चिड़िया फँसायी जाती हैं और अनन्त काल तक यह छोरा-छोरी चलती रहती है।

हाँ गाँव में पटवारी के दरवाजे पर 'अधिक अन्न उपजाओ' आन्दोलन के पर्चे और पोस्टर चिपके मिलते हैं—

परती जमीन छोड़ना गुनाह है।
खेत न कमाना देश के साथ विश्वासघात है।

पर कभी किसी ने सोचा है कि अधिक अन्न उपजाने में बाधक कौन है? वही पैंतीस या चालीस रुपिल्ली के बल पर इस महँगी में पक्का मकान बनवाने वाला पटवारी। सोने की चिड़िया को हलाल करने के लिए अंग्रेजों ने पटवारी-प्रथा चलायी। आज उस चिड़िया को बोटी भर रह गयी है, पर बोटी को भी पसाने के लिए पटवारी तैयार हैं। हमारे यहाँ पृथ्वी की उपमा सदा गऊ से दी गयी है, सो सचमुच गऊ जितना अपने चोर से काँपती होगी उससे अधिक पृथ्वी अपने इस पटवारी से काँपती है। गऊ जब चोरी चली जाती है, तो उसे भरपेट घास नहीं मिलती, दाना की बात तो दूर रखिए। इधर-उधर एक खोह से दूसरे खोह में ठोकर खाते, अन्त में जब उससे कुछ तिरने वाला नहीं रहता तो वह क़स्साई के हाथ बेच दी जाती है। यही हालत चुरायी हुई ज़मीन की होती है। एक मालिक से दूसरे मालिक के पास, पर किसी से भी दुलार-पुचकार कहाँ से मिलेगा, कमाई नहीं मिलती। अन्त में कोई लम्बा साफा वाला पंजाबी भट्ठा लगाने के लिए उसे ले लेता है, उस धरती की छाती पर भूत-सी चिमनी खड़ी हो जाती है और उस ज़मीन को फूँक डालती है।

बंकिम बाबू के कमलाकान्त के मत से तो यह गऊचोरी अन्तर्राष्ट्रीय न्याय है, इसके लिए महाभारत के भीष्म से लेकर लास्की तक का प्रमाण मिल सकता है और यही जानकर अलक्षेन्द्र से लेकर आज के जैसे यशस्वियों ने

अपना यह पुण्य कर्त्तव्य समझा है कि दुर्बल राष्ट्र का संरक्षण अपने हाथ में ले लिया जाय। जो दुर्बल न भी हो, उसे किसी भेदभाव से दुर्बल बना कर अपना संरक्षित बनने के लिए बाध्य कर दिया जाय, यही राजनीति का परम लक्ष्य है। पटवारी जो छोटे पैमाने पर हमारे गाँव में करता है, वही विराट् पैमाने पर कर रहे हैं बड़े-बड़े स्वनामधन्य राजनीतिज्ञ। काश्मीर और कोरिया को चोरों की छीना-झपटी में श्मशान बना डालने वाली नीति क्या उससे कम श्लाघ्य है? हाँ, दंड दोनों नहीं पाते, पटवारी के पास शासन का कवच है, राजनीतिज्ञ के पास सिद्धान्त का कवच है। पटवारी जो कुछ करता है वह सरकार बहादुर के नाम पर, और राजनीतिज्ञ जो कुछ करता है वह सिद्धान्त की रक्षा के नाम पर। दो-दो महायुद्ध पचीस वर्ष के अन्तर में हो गये, केवल जनतन्त्रवाद की रक्षा के नाम पर। यूरोप का मध्य स्वाहा हो गया अमरीकी जनतन्त्र की स्वतंत्रता बनाये रखने के लिए। एशिया तो युगों से धाँय-धाँय सिद्धान्तवादियों की पिशाचिनी ज्वाला में जल रहा है, पर 'मुएहि भारि मंगल चहत'। अब भी इसकी छाती पर दानवीय होड़ लगी हुई है। एशिया भी गऊचोरों के हाथ से निकलकर कसाइयों की छूरी की भेंट हो चुका है। झगड़ा केवल इस बात का है कि कौन-सी छूरी चलायी जाय ?

गऊचोरी की एक चौथी जाति भी है, साहित्य-चोरी। वाणी की भी सीधी और दुधार होने के नाते गौ संज्ञा है, सो इस गौ के पीछे चोर पड़ गये हैं। चोरों का गुट एक ऐसा बन गया है जो साहित्यचोरी की बदौलत बिना खेत-बारी के ही हथियानशील बन गया है और जिनकी असली मिल्कित है, वे आज बात-बात के मुहताज हैं। इस गुट में भी कई वर्ग हैं, पहले वर्ग में आते हैं नवसिखुआ ग्रेजुएट जो नौकरी की इधर-उधर तलाश करते जब थक जाते हैं, तो किसी हितैषी के दरवाजे पर पहुँचते हैं, और वे बहुत ही उदार कंठ से अनमाँगा वरदान दे देते हैं—जाओ पाठ्यपुस्तक तैयार कर लाओ, कुछ प्रबन्ध करा दिया जाएगा। बस भक्त कैंची और लेई लेकर बैठ जाते हैं और अपने इन हरबा-हथियारों से न जाने कितने वाणी-मन्दिरों में सेंध लगा-लगाकर माल इकट्ठा कर लेते हैं, कुछ ऊपरी नाँव-गाँव की निशानी छील-छाल कर 'संकलित', 'आधारित' 'रूपान्तरित' आदि किस्म-किस्म की लेबुल लगाकर नया मसाला बाज़ार में बिकने के लिए जुटा देते हैं। अब दूसरे हैं श्री हितैषी

जी जो कुछ अपनी प्रतिभा का चमत्कार दिखलाते हैं। आलोचना के बँधे हुए कुछ लच्छे यहाँ वहाँ जोड़ देते हैं और बस साहित्य के आगे कुसुम, सुमन, सौरभ, पराग, चन्द्रिका, कमल, प्रकाश, आलोक और किरण जैसा कोई एक शब्द जोड़ कर साहित्य के विकास में अभिनव श्रीवृद्धि करने का सुयश कमा लेते हैं। तीसरे हैं प्रकाशक जो प्रायः इन पहले दो चोरों का भी गला काटने वाले होते हैं, मौलिक कृति को तो 'न्यौछावर' कराके लेते हैं, पर इन पाठ्य पुस्तकों पर फीसदी देने के लिए हाथ बाँधे तैयार रहते हैं, उनकी मज़बूरियों के रोने के आगे फेंकू साहु का सुबकना हल्का पड़ जाय, ऐसा तो इनका रोना लगा रहता है। नौसिखुआ भगत लोगों को तो बस दोने में पनजीरी की प्रसादी भर मिल जाती है। इसके बाद उन्हें मुक्त कर दिया जाता है। हितैषी जी को भी कुछ लुभावने फूल-पत्ती की भेंट एक मुश्त ही मिलती है, पर असली फल का बँटवारा होता है प्रकाशक और दलाल में। दलाल चौथे वर्ग में आते हैं। ये लोग प्रकाशक और पाठ्य पुस्तक समिति के बीच कुटना का काम कर देते हैं, बस इसी परोपकार में अपना जीवन अर्पण किये रहते हैं। प्रकाशक बहुत ही लजीला नायक होता है और पाठ्य पुस्तक समितियाँ प्रायः बहुत ही धृष्ट नायिकायें होती हैं। इस विषमता को दूर करने के लिए ही बिचारे दलाल को मध्यस्थता करनी पड़ती है। सो 'पत्रं पुष्पं फलं तोयम्' में बच रहता है तोयम् भर, अर्थात् छाछ—समिति के हाथ रहता है। इस चौथी गऊचोरी में पाठ्य पुस्तक समिति पाँचवाँ वर्ग है।

हाँ, इस चौथी गऊचोरी को सभ्य संसार बड़ी आदर दृष्टि से देखता है, जो जितना ही चोरी करता है वह उतना ही पंडित और विद्वान् समझा जाता है। बिना इस चोरी की कला में प्रवीण हुए किसी साहित्यकार को तत्कालीन इतिहास में स्थान नहीं मिलता, कारण यह कि तत्कालीन इतिहास को लिखने वाले भी इन चोरों के भाई-बन्धु ही होते हैं, जो छद्म रूप से इस व्यवसाय को प्रोत्साहन देते हैं, वैसे ही जैसे गाँव की पुलिस, हलका के कानूनगो या अन्तर्राष्ट्रीय दार्शनिक अपने-अपने क्षेत्रों में चोरियों को बढ़ावा देते हैं। जो जूठन, कतरन और उतरन के बल पर लोग साहित्य-महारथी बन जाते हैं, और साहित्य के उद्यान में नयी कली चटकाने का जो साहस करते हैं, उन्हें प्रयोगवादी कह कर उड़ा दिया जाता है। अजीब तमाशा यह है कि यहाँ चोरों

ने ही साहुओं के लिए वादों का कटघरा तैयार कर दिया है और चोर ही बराबर कोतवाल को डाँड़ते रहते हैं। पटवारी की तरह गोनिया-परकार लेकर अतलस्पर्शी सूक्ष्म भावनाओं की नाम-जोख मनमाने तौर पर करते रहते हैं; आँख से देखे बिना अपने दिमागी नकशे की बदौलत पैमाइश करते रहते हैं। विधि की विडम्बना कि यही नाप-जोख और यही पैमाइश सही मानी जाती है। इसीलिए दिन-अनुदिन क्षण-प्रतिक्षण इस गऊचोरी का व्यवसाय फूलता-फलता चला जा रहा है। रोक-थाम करने का कोई साहस नहीं कर रहा है।

पाँचवीं गऊ है, आँख या इन्द्रिय, और इसकी चोरी युगों-युगों से होती आयी है, चोरी का टेकनीक भर बदलता रहा है। आँख इन्द्रियों की द्वार है, इसलिए समस्त इन्द्रियाँ उससे एक साथ लक्षित हो जाती हैं, यहाँ तक कि दस इन्द्रियों से परे मन भी, बिना आँख के भेद लिए मन की चोरी नहीं होती। इस पाँचवीं गऊचोरी का व्यवसाय करने वाले दुनिया की भाषा में 'चितचोर' कहे जाते हैं। पर ये चितचोर गुट नहीं बाँधते, कभी बाँधते भी हैं तो अपनी चोरी के माल का हिसाब-किताब अलग रखते हैं। साझेदारी और सहकारिता की बाढ़ से अभी ये अछूते हैं। अभी तक इनकी चोरी किसी नीतिशास्त्र में गुनाह नहीं गिनी गयी, पर सबसे दर्दनाक चोरी यही है, इसमें भी कोई सन्देह नहीं। ऊपर की चार चोरियों में गया माल कभी उबर भी सके, पर यहाँ जो चीज़ चली गयी, वह फिर वापस नहीं आती। इस चोरी के आगे पिछली चोरियाँ कुछ है ही नहीं, क्योंकि वहाँ माल तक ही सवाल है और यहाँ जान का जोखिम है। मनुष्य को माल से बढ़कर जान प्यारी होती है और वह जान इतने अनजाने कब किसी चोर के हाथ लग जाती है, इसका पता किसी को लग नहीं पाता। बैल चोरी चले जाने पर गरीब की खेती खड़ी हो सकती है, ज़मीन चोरी चली जाने पर बेवा की ज़िन्दगी बसर हो सकती है, राज्य छिन जाने पर राष्ट्र जी सकता है और अपनी कृति की चोरी के बाद साहित्यकार में भी प्राण-शक्ति बची रह सकती है, पर चित्त चुरा लिया गया तो प्राण नहीं रहते। तब भी अचरज तो यह है कि इस चोरी की क्षति को जान कर भी लोग अपना घर-द्वार खुला छोड़े रहते हैं, मानों प्रतिक्षण चोरों को चुनौती-सा देते हों, जिनका चित्त कभी चोरी नहीं जाता, वे अपने भाग नहीं सराहते, उलटे अपनी हीनता के

लिए रोते हैं कि हाय चोर को ललचाने वाला चित्त मुझे न मिला।

हाँ, इतना तो मैं भी कहूँगा कि सभी को चोर लायक चित्त नहीं मिलता और सभी को चित्तचोर नहीं मिलते। मैं पाँचों चोरियों में रमा हूँ, इनकी उत्तरोत्तर सूक्ष्मता और उत्कृष्टता का मैंने पूरा अध्ययन किया है पर मैं सब जगह तो बचने का साथ ढूँढ़ निकाल सका, केवल इस अन्तिम क्षेत्र में खुद गच्चा में आ गया। बचते-बचते एक दम लुट गया, इससे जानता हूँ कि यह पाँचवीं गऊचोरी सबसे अधिक दुर्दान्त होती है। बैल-गोरू छोरने वाला चोर तो भेंड़ा चोर है, बहुत संगठित होने पर भी उसकी पिटाई भी होती है, सज़ा भी होती है, और दुर्दशा भी होती है। ज़मीन चुराने वाले भी कभी न कभी पकड़ में आ ही जाते हैं और न भी पकड़ में आयें तो उनके सिर के ऊपर हमेशा कच्चे धागे में कानून की तलवार लटकती रहती है, जिन्दगी उनकी घूस लेने और देने में ही तमाम हो जाती है। राज्यों के साथ खिलवाड़ करने वालों को तो और भी अधिक दुर्दशा भोगनी पड़ती है, अपने ही जीवनकाल में वे अपने ही साथियों से प्रतिहत होकर अपमान की रोटी खाने को बाध्य हो जाते हैं, सिद्धान्त तो दल के साथ बदलते जाते हैं, पर सिद्धान्तवादी विचार कहीं का नहीं रहता, यदि दूसरा दल सत्तारूढ़ हो जाता है। साहित्य की चोरी करनेवाले भी अन्त में मरते ही या तो विस्मृति के अन्धगर्त में ही डूब जाते हैं और या बचे भी रहे तो चोरी का कलंक अनन्त काल तक ढोते रहते हैं। परन्तु चित्त चुराने वालों की कुछ भी तो दुर्दशा होती ? उल्टे वे साहित्य के अमर देवता बन जाते हैं, भारती के मुकुट-मणि बन जाते हैं और बन जाते हैं लोक-कल्पना के परम आराध्य। यही तो मुझे दुःख है कि चोरी के बल पर भी ऐसा उत्कर्ष मिल जाता है तो साह होने से लाभ ही क्या ? क्या सचमुच दुनियाँ चोरों की है? 'वीरभोग्या वसुन्धरा' कहने का अभिप्राय तब तो यही है न कि चोरी से बढ़ कर कोई वीरता नहीं ? 'साहसिकश्चौरः' साहसिक चोर का पर्याय होता है, सो इसीलिए चोरी से बढ़कर साहस की कहीं जरूरत नहीं होती, सो भी जहाँ तक मैं समझता हूँ कि चित्तचोरी में शायद सबसे अधिक साहस की जरूरत पड़ती है। तब तो चित्तचोरी की यह कला कहीं से सीखनी चाहिए। पिछली चार गऊचोरियों को मूर्ख लोगों के लिए छोड़ दिया जा सकता है पर जो यह पाँचवीं सिद्ध चोरी है, उसके लिए कोई देवी-देवता पूजना चाहिए।

हमारे यहाँ इसके देवी-देवता हैं राधाकृष्ण। राधा का नाम पहले इसीलिए कि पहले कृष्ण की आराधिका बन कर धीरे-धीरे उन्होंने चोरों के अगुवा इन महापुरुष का भी चित्त चुरा लिया। हाथ की सफाई हो तो ऐसी हो। कृष्ण तो जन्म से ही चोर थे, नाम ही ठहरा कृष्ण अर्थात् 'कर्षतीति कृष्णः' खींचनेवाला। गोरू-बछरू छोरना-छिटकाना बाद में उन्हें आया, गोरस चुराना पहले से ही उन्हें सिद्ध था। जमीन की भी कम चोरी उन्होंने नहीं की, व्रज की भूमि ही चोरों की भूमि है। ब्रह्मा उन्हें चोरी में छकाने चले, खुद छक गए। राज्य चोरी करते कराते तो उनका सारा जीवन बीता और रही साहित्य चोरी की बात, तो वेदों का सार मथवा कर उन्होंने गीता में चुरा कर रख दिया, ऐसी साफ चोरी करने का साहस ही किसी ने न किया होगा। इन सारी किस्म की चोरियों मे हाथ माँजकर वे चित्तचोरी में लगे और फिर इसमें भी कमाल कर दिखाया। किसका चित्त बचा जो उन्होंने खींच न लिया हो? समस्त जड़ चेतन जगत् का चित्त खींच कर ही वे 'साक्षान्मन्मथमन्मथः' कहलाये। पर हाय री विधि विडम्बना अन्त में एक गँवार अहीर की छोहरी ने उनको भी छका दिया और जिसे कोई भी सम्बन्ध, कोई भी ममता तनिक भी बाँध नहीं सकती, जिसे कोई भी कुहक लुभा नहीं सका, जिसे कोई भी शक्ति अपनी ओर खींच नहीं सकी, वह एक सीधी-साधी बालिका की मुट्ठी में हो गया, ऐसी अनहोनी बात होकर ही रही। सो मैं भी गऊचोरी की आराध्य देवी राधा के पास जाऊँ, तभी इस कला की कणिका प्राप्त हो सकती है। स्वयं चोर न बन सकूँ, तो कम से कम चोरी का रसज्ञ तो बन सकूँ।

चोर बनना भी मैं नहीं चाहता, साह बनकर चोर को न्यौतना भर चाहता हूँ और चोरी का रस लेना चाहता हूँ, चोर बन जाने पर रस कहाँ से मिलेगा? गऊचोरी की समस्या का हल निकालना भी मेरा काम नहीं। मैं द्रष्टा बना रहना चाहता हूँ, कर्त्तव्य की चाह मुझे तनिक भी नहीं है। जानता हूँ, जब तक खेतिहर सरकार न होगी तब तक न तो बैल की ही चोरी बन्द होगी न जमीन ही की चोरी। यह भी जानता हूँ कि राज्यों की छीना-झपटी भी तभी बन्द होगी जब सिद्धान्त मनुष्य के छोटे हो जायँगे। जब तक मनुष्य अपने बनाए हुए सिद्धान्तों के आगे बौना बना हुआ है, तब तक यह चोरी घट नहीं सकती। साहित्य की गऊ चोरी की रोक-थाम्ह भी हो सकती है यदि साहित्यकार शब्द

की साधना करके साहित्य लिखने बैठे, जब तक वह शब्द में अपना व्यक्तित्व निविष्ट नहीं कर पाता, तब तक वह चोरी से अपना बचाव कर नहीं सकता। पर चित्त की चोरी का एक ही इलाज है, किसी छोटे चित्तचोर के हाथ चित्त जान बूझ कर गवाँ देने के पहले चित्तचोरों के चितचोर को न्यौता दे देना। सो 'चौराग्रगण्यं पुरुषं नमामि' चोरों के अग्रण्य महापुरुष कृष्ण की वन्दना करता हूँ, उनकी गऊचोरी की रसविन्दु माँगता हूँ, जिससे छोटे गऊचोरों को मैं धता बाताता रहूँ।

—आश्विन 2008,

सोहगौरा

4

साँझ भई

कहना हम चाहते थे, 'गतोऽस्तमर्कः पर देखा, इसके साथ व्यंजना और अभिधा का बड़ा भारी झमेला लगा हुआ है, कौन उस पचड़े में पड़े, अर्थ हमारा 'साँझ भई' से ही निकल जाता है। इसलिए यही मुँह से निकला कि 'साँझ भई'। साँझ भी चैत की, मंजरित वसन्त के यौवन की, जब मंजरियाँ अपने को आम की कैरियों के लिए समय की बेदी पर चढ़ा रही हों और जब दखिनैया बयार रह-रह के नये ताप से स्वयं विकल हो उठती हो। ऐसी यह संझा है और जीवन-गंगा का तट है। गोधूलिका का रंग निखरता हुआ चला जा रहा है और इस लाली की अभिव्याप्ति को व्यर्थ जाता देख कवि पुकार उठता है।

अनुरागवती सन्ध्या दिवसस्तत्पुरस्सरः।
अहो दैवगतिश्चित्रा तथापि न समागमः॥

(संध्या अनुरागभरी और दिवस सामने खड़ा, पर हाय रे दैव की अलक्ष्य गति, समागम नहीं हो पा रहा है)

कभी दिवस इसी अनुराग को पाने के लिए विकल था, पर अब जब अनुराग चारों ओर से उसे अंक में भर लेने के लिए स्वयं उमंगित है, तब वह सन्ध्या सुन्दरी से उदासीन हो जाय, कैसी विडम्बना है? पर साथ ही जीवन का कितना महान् सत्य है। तृप्ति की उत्कर्ष-भूमि पर हम पहुँचे कि वितृप्ति का ढाल शुरू हो गया। हृदय के अरमान मोती बन पाए नहीं कि ओस बन के ढुलक पड़े। और दिवस का भी क्या दोष? जब यह ढलने लगा, तब संध्या को अपना अनुराग ढालने की सूझी, जब वह रास्ते पर अपने पैर रखा चुका, तभी उसे मनुहार करने की सुधि आयी। यही तो युगों-युगों का क्रम है। जिसे तुम पैरों से ठुकराते हो, वह तुम्हारे पैर छान कर बैठ रहता है, और जिसे तुम पैरों

पड़ के मनाते हो, वह तुम्हारी ओर दृष्टिपात भी नहीं करता।

भाई, यह यौवन की सन्ध्या है, बड़े-बड़े सपने पंख समेट के, सिर झुका के सोने चले गये, अब उछाह ठंडा पड़ने लगा, जीवन की गति धीमी पड़ गयी, गंगा की धारा का वेग मन्द पड़ गया और दिन की रंगरलियों से, फूलों की सतरंगी मुसकान से, 'पराग की चहल-पहल' से, भौंरों की वंशी से और कोयल की विपंची से लगाव छूटने जा रहा है; अभी वन उपवन के शत-शत सौंधों से चह-चह सुनाई पड़ रही है, वह बिछोह की स्मृतियों की अन्तिम चीत्कार है।— अब साँझ हो गयी। गंगा कुछ देर तक स्तब्ध होकर पीछे निहारने लगी है कि कौन किनारा पीछे छूटा—यौवन की उठान का ऊँचा कगार, सीधे खड़ा, ऊपर से नीचे ताकने पर हृदय काँप उठे, पग-पग सँभल कर न उतरे तो हरिश्शरणम् हो जाय—पीछे छूटने जा रहा है; जिसे बड़ी-सी-बड़ी बाढ़ भी न छू सकी, जिसको काटते-काटते नदी स्वयं कट गयी, एक पतली धारमात्र रह गयी और जो कटा नहीं, वैसे ही खड़ा—वह छूट रहा है। जीवन का प्रवाह इसीलिए क्षण भर विदाई लेने के लिए रुक रहा है, प्रकाश की अन्तिम किरणें उसे छूते-छूते उड़ान भर रही है, तो क्या जवानी आगे मिलेगी ही नहीं ? नहीं, अभी ऐसा तो नहीं कि मिलेगी ही नहीं, पर मिलेगी उतरती जवानी, केवल चढ़ती जवानी न मिलेगी और न मिलेगी चढ़ती जवानी की उन्मद हिलोर। जवानी अभी कोसों दूर तक लरजी रहेगी, पर ऐसी कि नदी के माँझी नदी में रहकर दोनों किनारों की खेती की रखवारी कर सकें और ऐसी रेतीली कि वर्षा का प्रथम डौंगरा भी उसे उडू-बुडू' कर दे। नदी के वे औघट घाट नहीं रहे और न रही खौलती हुइ भँवर। अंग-प्रत्यंग में पानी के कसाव की और कड़ी कैद की बेकली नहीं रही, अब तो पानी फैलकर छिछला हो गया और 'अनबूड़े बूड़े' की निरापद और इसीलिए निरानन्द नीरसता का अखंड साम्राज्य है। अब इसे जीवन-प्रवाह कहें तो किस भाँति कहें........यह तो प्रवाह की मृत्यु-शय्या है। गयी अब दुपहरी की भभक और गयी वह हहरती और हहराती नदी की तेज़ धार.......।

शाश्वत यौवन और अमर सौन्दर्य के पुजारी मुझे क्षमा करें, उनका यह स्वप्न-सुख भगवान् करे जुगों-जुगों तक बना रहे, हमारे लिए तो 'यौवन-मनिवर्ति यातुं तु' ही रहा, हमें तो 'जो जाके आये वह जवानी' सपना ही बनी

रही। सो भी आज को जवानी जो पतझार से गठबन्धन किये आती है और पात-पात झहरा के चली जाती है, ठूँठ कंकालों को और झुलसाने के लिए, थहराने के लिए, जड़ाने के लिए। कब चोरी-चोरी वह आती है, यह कोई नहीं जान पाता, पर ढोल बजा-बजा के उसे उतरते न देखने की इच्छा होते हुए भी किसे नहीं बरबस देखना पड़ता है, धड़धड़ाती हुई रेलगाड़ियों के भीड़ भरे डब्बों में सिगरेट की लम्बी कश के साफ धुँआ बनते और यूनिवर्सिटी की ऊँची चहारदीवारियों में वसन्त के वैभव के बीच फूल से काँटा बनते, इस यौवन को कभी भी कोई देख सकता है। अनन्त प्रेम और विरह की अनन्त कथा-कविताएँ बिचारे इस शिरीष-सुकुमार यौवन का प्रायः अन्त ही कर डालती है और मानें न मानें परोक्ष प्रेमी की स्वप्निल अनुभूतियों के इस प्रत्यक्ष प्रेम का उत्साह ही खो बैठते हैं। प्राण को अकेला बनाये रखने का अहंकार हमें निष्प्राण बना के छोड़ता है और युग-मन को साधे रहने को साधना हमें उन्मन बना के रहती है।

आज 'गतोऽस्तमर्कः' की व्यंजना केवल निवृत्ति तक सीमित हो गयी है, अब,

सायं स्नानमुपासितं मलयजेनांगः समालेपितो
यातोऽस्ताचलमौलिमम्बरमणि र्विश्रब्धमत्रागतिः।
आश्चर्यन्तव सौकुमार्यमभितः क्लांतासि येनाधुना
नेत्रद्वन्द्वममीलनव्यतिकरं शक्नोति ते नासितुम्॥

(साँझ को नहाकर आयी, मलय-चन्दन का लेप किया, दिनमणि अस्ताचल को ओर चल पड़ा; कोई भीड़ भी नहीं, पर धन्य है तुम्हारा सौकुमार्य कि अब भी तुम थकी-थकी-सी लगती हो और तुम्हारी आँखें क्षण भर भी अनझिप नहीं रह पाती है) की क्लान्ति भर गयी है।

णोल्लेइ अणोल्लमणा अत्ता मं घरभरम्मि सअलम्मि।
खणमेत्तं जइ संझाइ होइणवा होइ वीसामो॥

(कठकरेजी सास दिन भर तो एक न एक घर के काम में जोतती रहती है, कौन जाने एक क्षण संझा में साँस मिल जाये)

की सांझ की निर्वृत्ति की क्षीण आशा भी नहीं रह गयी है। अब तो 'गतोऽस्तमर्कः' कहने से उन विगत दिनों में 'विक्रेयजस्तूनि संह्रियन्ताम्' दूकान

समेटो का बोध जो बनिए को होता था, वह अब युवक-युवतियों को होने लगा; और 'अभिसरणमुपक्रम्यताम्' अभिसार का उपक्रम करो का बोध जो युवक-युवतियों को होता था, वह अब कमाऊ बनिए को होने लगा। ठीक ही है, उस अँधियारे ज़माने में बिजली के लट्टू नहीं थे, वहाँ रूप रुपहली रजनी की बाट जोहता था और कमला कमलों के मुकुलित होते ही सोने चली जाती थी; अब दिन-रात बराबर है, रात में कभी-कभी क्यों, नित्य ही दिवाली हुआ करती है। दिन ही दुर्दिन आने पर धुँधले हो जाते हैं, इसलिए अधर-राग की अग्निशिखा से दहकता और 'स्नो' के अविरल लेप से दमकता रूप रात नहीं जोहता। क्योंकि फ्रायड की कृपा से अवचेतन मन पर्दा चीर कर ऊपर आ गया है, अब रसराज श्रृंगार केवल पूर्ण जनतांत्रिक ही नहीं बन गया है बल्कि अपने सिर का ताज उतार कर, राजदंड फेंक कर पूरा सर्वहारा बनकर खुली बगावत का नारा लगाने लगा है। अब वह राजमहलों का कैदी नहीं रहा, खुली डगरों का चिर डगरोही बन गया है। रात उसके लिए जागरण न रह कर स्वप्न हो गयी है। अब 'आजु सोहाग के राति चन्दा तुम उइहो, चन्दा तुम उइहो सुरज जनि उइहो' की पागल-पन से भरी हुई विह्वल प्रार्थनाओं के लिए बुद्धिवादी युग में धारा 144 लगा दी गयी है। अब सन्ध्या अर्धविराम न रहकर उसके लिये पूर्ण विराम बन गयी है। हाँ, अब रात को जो कृष्णाभिसार किसी का होता है तो वह केवल वणिग्लक्ष्मी का। दिन में उनका प्रेमावेग होता है, सास-ननद का डर कुछ न कुछ रहता ही है; सैयाँ का डर नहीं, क्योंकि उन्हें रतौंधी आती है, इसलिए दिन में तो केवल सहेट के संकेतों का बाजार गर्म रहता है और इसीलिए एक अजीब-सी अकुलाहट दिन भर बनी रहती है, कुछ ज्वर की तीव्रता और ताप लिए। साँझ होते ही निभृत स्थानों में इस कृष्णाभिसारिणी लक्ष्मी की प्रेमलीला उकसने लगती है और परकीया की आतुरता का चरम उत्कर्ष होने पर भी अपूर्व रस आता है इस निभृत प्रेम-व्यापार में..... भुक्तभोगियों से ही सुना है कि है तो भाई बड़े जोखिम का काम, लेकिन 'जोग हूँ ते कठिन संजोग' वाली उक्ति इस विषय में पूर्णतया चरितार्थ होती है, क्योंकि योग की साधना से भला इतनी विपुल ऋद्धि-सिद्धि कहाँ आ सकेगी, जितनी इस चोरी-चोरी लक्ष्मी की प्रणय-लीला का एक कण पाकर के चरणों में दौड़ी हुई आती है।

इसीलिए तो कहना पड़ा, 'साँझ भई'। साँझ होने में कसर ही क्या रही? प्रेम गलियों का भिखारी बन कर दर दर ठोकर खा रहा है और स्वार्थ राजा बनकर इतराता फिर रहा है। जिसे सिर झुका के मुँह छिपा के चलना चाहिए, वह तो छाती फुलाये ऐंठता चले और जिसकी सार्वभौम सत्ता के आगे ब्रह्मा, विष्णु और महेश भी झुकने को तैयार रहे हों, वह दीन-हीन पद-दलित होकर सिर उठाकर एक आह तक न भर सके। अब सूर्यास्त होने में बाकी क्या है? आज की साँझ सूनी ही गयी। आज विश्व के प्रेयान् के लौटने की उत्कंठा के साथ प्रतीक्षा की जा रही थी, पर आज भी वह दगा दे गया। इसलिए विश्व-लक्ष्मी की अतृप्त उत्कण्ठा आप्यायित हो उठी है:

आदृष्टिप्रसरात्प्रियस्य पदवीमुद्वीक्ष्य निर्विण्णया
विश्रान्तेषु पथिष्वहः परिणतौ ध्वान्ते समुत्सर्पति
दत्त्वैकं सशुचा गृहं प्रतिपदं पान्थस्त्रियास्मिन् क्षणे
माभूदागत इत्यमन्दवलितग्रीवं पुनर्वीक्षितः॥

जहाँ तक दृष्टि जा सकती थी, वहाँ तक प्रिय के पग देखते-देखते थक गयी, अब तो दिन ढल गया, पथिक विश्राम लेने लगे, क्योंकि गगन-पथ का चिर पथिक सूर्य की प्रतीची की सराय में दाखिल हो गया और धुन्ध चारों ओर फैलने लगी। अब हार मान कर इस विरहिणी ने ज्यों ही अपने घर की ओर दुःख-दर्द से भारी एक डग रखा, त्यों ही जीवन को बाँध कर रखने वाली अकरुण आशा जाग उठी और पैर तो मुड़े पीछे की ओर, पर ग्रीवा झटके के साथ मुड़ी आगे की ओर कि कहीं भूला-भटका थका-माँदा प्रियतम आ ही न गया हो।

हाँ, ग्रीवा को अमन्द वलित करने वाली चिर प्यासी उत्कंठा ही में सब कुछ है। यही उत्कंठा नीरव निशीथ तक हरसिंगार के फूलों के ढुहर-ढुहर तक जिलाये रखेगी और 'सान्ध्यबीन' में से मुमूर्ष संजीविनी मूर्छना बिखराती रहेगी। यही नलिनमुकुलित मधुकारा में वन्दी मधुपों के कानों में प्रभात की प्रभाती गाती रहेगी और वे मधुव्रती भी इस मधुर आशा में निशा जागरण करते रहेंगे कि साँझ भयी तो क्या प्रभात का आना रुक गया?

यही मैं भी कहना चाहता था। यह सन्ध्या अर्धविराम है, अखंड वाक्यार्थ की समन्विति के लिए और यह सन्ध्या का कषाय विराग है, अनुराग की

परिणति के लिए। 'गतोऽस्तमर्कः' का वाच्यार्थ जो कुछ भी हो, किन्तु उसमें व्यंजित अस्त न होकर अरुणोदय ही होता है, अरुणोदय भी नवीन ही नहीं नित नवीनतर।

आओ चलें हम भी पंख समेटें और अपनी कल रागिनी को अन्तर्मुखीन बनाकर भैरवी के लिए बल और प्राण संचित कर और

सर्वे बभूवुस्ते तृष्णीं वयांसीव दिनात्यये

(दिन डूबने पर जैसे पंछी शान्त हो जाते हैं, वैसे ही सब लोगों ने मौन गह लिया)

का मौन गुँजाते हुए स्वर खींच लें।

—चैत्र 2007, प्रयाग

5

बसन्त न आवै

बसन्त के स्वागत की धूम में 'बसन्त न आवे' इसलिए कि बसन्त स्वयं आज उन्मन है। उसे रतिविलाप की वे पंक्तियाँ सुधि हो आयी हैं,

गत एव न ते निवर्त्तते स सखा दीप इवानिलाहतः।

अहमस्य दशेव पश्य मामविषह्यव्यसनेन धूमिताम्॥

वह अपनी प्रिय सखी को बुझी बत्ती की तरह धूमित देखकर विह्वल हो उठा है, आज उसके प्रिय सखा का विछोह उमड़ आया है। वह अपनी समृद्धि से सुखी नहीं है। वह इसलिए नकीब से घोषणा कराते हुए आना नहीं चाहता।

बसन्त के रोएँ-रोएँ रो उठते हैं, जब उसे लगता है कि अपनी सहकार मंजरियों से उसे तिलांजलि का कार्य लेना है। तो स्वागत-गान गाने से क्या लाभ? तड़पते हुए को और तड़पाने से क्या लाभ? आइए हम भी गायें...

सजनी हो मन मोर मनावै बसन्त न आवै।
फूलै फूल फरै जनि तरुवर, राग फाग कोउ गावै।
रहत उदास मोर दिल दिन भर छनहूँ नहीं धीर धरावे।
बसन्त न आवै।

अम्बा मौर कूच महुआ मँह कोइलि कुहुक मचावै।
दखिन बयार बहत जिय जारत पीतम मोंहि जो दरसावै।
बसन्त न आवै।

अभी कहीं से आशावादिता की ढोल बाँधकर गाल बजाने वाले कोई पंडित चिल्ला उठेंगे, 'यह अभारतीय मनोवृत्ति है कि निराशावादी गीतों से सांस्कृतिक अन्तर्जीवन को बेहोशी की सुई दी जाय। हाँ, इस बेहोशी की सुई की, इस अवसाद की आज नितान्त आवश्यकता है। उल्लास की अनमनी रंगरलियों से करुणा की सहज होली का रंग चोखा पड़ता है। भविष्य की

आशातन्तुओं की मनोग्रंथियों से विकृत आकृतियों को जब हम विश्वविद्यालयों की तथाकथित लावण्यवीथियों में ऊँची एँड़ियों के नीचे धँसते देखते हैं, जब हम स्वर्णकिरणों की मृगतृष्णा में आकुल जनों के हर्षोन्माद के छूँछे गीत सुनते हैं और 'पेरिस की साँझ' की उन्मद गंध की झीनी चादर चीर कर जब हम गलित जीवन की सड़ांध में जा पहुँचते हैं, तब हमें बरबस रुलाई आती है कि बसन्त क्यों आये। सचमुच यदि बसन्त आये, तरुणाई में नई तरुणाई भरने के लिए, ठूँठ को भी पल्लवित करने के लिए और पल्लवित को पुष्पित करने के लिए, तो उसका आना आने की तरह लगे। पर यदि उसके आने से दखिनैया बयार की लहक पाकर अन्दर सुलगी हुई आग को दहकने का और बल मिले, यदि उसके आने से रति का उतार और अरति का चढ़ाव हो और यदि उसके आने से 'नयौ पातन कौ उनयौ पतझार' हो, तो उसका न आना ही अच्छा। इसीलिए धरती गा उठी है, 'फूलै फूल फरै जन तरुवर राग फाग कोउ गावै। राग फाग ही तो उद्वेजना का मुख्य कारण है। इन्हीं दिनों रंगी शिवशम्भु शर्मा को भी इस राग फाग से उद्वेजना हुई थी। अगर कोई पूछे कि आज उनके 'माई लार्ड' बोरिया बसना समेत यहाँ से चले गये और व्रज के कन्हैया के घर जाकर होली खेलने की शुभ वेला सचमुच आ गयी, अब 'राग फाग' से इतनी चिढ़ क्यों? क्यों, बताऊँ। उमंग नहीं रही। वंशी मिल गयी है लेकिन उसके रन्ध्र फूँकने वाले प्राण नहीं रहे। दासता के दिनों का वह विद्रोह का अदम्य उत्साह भी नहीं रहा। बच रही है प्रगाढ़ निद्रा की मुखर साँस। इसमें उस उल्लसित जनगीत की स्मृति क्यों न दुःखदायिनी हो? और जो गीत अपने रुँधे मुँहजले गले से न निकल सके, उसका गायन क्यों न दाह उपजावे?

भीतर से एक विप्रश्न उठ रहा है कि बसन्त आता भी है कि तुम बार-बार 'बसन्त न आवै' का हल्ला मचा रहे हो? आता है, तुहिन हिमपात लिये जाड़ा और झंझावात लिए पतझार। इनके आगमन के तुमुल कोलाहल में बसन्त यदि आके, रोके चला जाता होगा तो नहीं जानता, पर कभी उसका भी आना आने की तरह लगता है? अभी आम बौराये नहीं कि पुरवैया की झकोर से लसिया-लसिया कर बौर धूलि में लोटने लगे। रही महुआ के कूँचों की बात, सो मधूक-माला की प्रतिष्ठा संयोगिता के स्वयंवर तक ही रही, उसके बाद तो सिवाय अप्रतिष्ठा और अपयश के इस मधूक को कुछ मिला नहीं।

हाँ, भले याद आयी इस मधूक की। इसके साथ बचपन की एक अत्यन्त विनोदभरी स्मृति जुड़ी हुई है। ननिहाल की घटना है। भारत का सबसे प्राचीन ताम्रपत्र जहाँ प्राप्त हुआ, उस सोहगौरा की बात है। गाँव आमीराप्ती के संगम पर बसा हुआ और गोसाईंजी की पंक्ति 'मनी पीन पाठीन पुराने, भरि-भरि भार कहारन आने' की प्रेरणा का मूलस्त्रोत बन सके, ऐसी मीन-समृद्धि से संयुत। हाँ, तो कोई अमीनभोजी शिष्य अपने कनफूँकवा गुरु श्री कोदई राम त्रिपाठी को खोजता हुआ इन्हीं बौर और महुआ के दिनों में एक बार पहुँचा और पूछ बैठा कि पंडित जी जिनका नाम 'झिनवा' से पड़ता है (उसने गुरु नाम लेना अशास्त्रसम्मत होने के कारण कोदों के स्थानीय पर्याय झिनवा अर्थात् 'महीन चावल' का प्रयोग किया) वे महाराज जी कहाँ हैं, उसे उत्तर मिला...

मधूकवृक्षे कुशहोपग्राम प्रातर्गतोऽसो मतऊसमेतः।
आमीनदीमीनविनाशनाय कदन्ननमा स वरीविराजते।

अर्थात् 'अपने मित्र पंडित मतऊराम के साथ आपके श्रीमान् कदन्ननामा (कोदई बाबा) सबेरे ही के निकले हुए हैं और इस समय कुशहा टोला के अकेलवा महुआ के पेड़ के नीचे, आमी नदी की मीन जनसंख्या को कम करने का शुभ संकल्प लेकर विराज रहे हैं, वहीं आपको मिलेंगे'। तभी से उस मछलीमाही के पुण्यस्थल में स्थित महुए के पेड़ का नाम पड़ गया है मधुकवा महुआ। आज भी लोग इस पुनरुक्तिशोभित पुण्यनाम को सँजोए हुए हैं।

हाँ, तो बात चली थी महुए की ओर उसके कूँचे की। सचमुच आज महुए की महक नहीं रही, रही केवल उसमें आज 'मधुकता' ही। आज का महुआ 'मधुकवा' बन ही गया है। इतना सुन कर और समझ कर आशा है, अपने रसाल और मधूक के बिरते पर रसराज और ऋतुराज बनने वाला, मधुमास भी अपना मुँह नहीं उठायेगा। हाँ, वह स्वयं न उठाये, पर कोई उसके हाथों बिकी हुई इन परभृतिकाओं को कैसे रोक सकता है, जो उसी की रोटी खाती हैं, वे तो अपना नमक अदा करेंगी ही और 'बसन्त आवै, न आवैं', बसन्त के आने का जयघोष करेंगी ही, उस पर भी न आवै तो मानों वह आना चाहता नहीं, इस प्रकार मनुहार करेंगी। करें, उन्हें जब स्वयं अपनी इस प्रवंचना का विश्वास नहीं है, तब दूसरों के मन में इस असत्य की अवतारणा कर ही वे कैसे पायेंगी? उनकी यह पंचम की पुकार लू की लपटों में झुलस जायेगी और

मेघों के गर्जन में डूब जायेगी।

तब 'अइहैं फेरि बसन्त ऋतु इन डारन वै फूल' की मधुर आशायें और 'यदि जाड़ा आता है तो क्या बसन्त उससे दूर पीछे छूट सकेगा' के लुभावने आश्वासन क्या इन्द्रजाल ही बने रहेंगे? क्या यही समझा जाय कि इस इन्द्रजाल का कभी अन्त न होगा? क्या इस इन्द्रजाल के अधिष्ठाता रत्नावली के ऐन्द्रजालिक बन कर आशातीत दिनों को इसी प्रकार आँखमिचौनी खेलाते-खेलाते एकदम वास्तविकता के चित्रपट पर नहीं ला देंगे? यदि लाने की क्षीण से क्षीण भी संभावना हो तो कुछ अपनी ओर से भी किया जाय। बसन्त के बीज उन्हीं जीर्ण-शीर्ण पर्णराशियों में वर्तमान हैं, जिनमें हम चिनगारी फेंकना चाहते हैं। बसन्त के आने के संकेत हमें उन्हीं अमराइयों से मिलेंगे जिनके भीतर से 'जड़ता जाड़ विषम उर व्यापा' से ठिठुरते हुए असंख्य ज़न झाँक रहे हैं। बसन्त को प्राणान्वित करने वाली बयार उन्हीं चन्दनसुरभित मलयांचलों से आने वाली है, जिनमें आज असंख्य फणधरों की विषोल्वण ज्वालायें धधक रही हैं। बसन्त के कंठ में अभी 'नाइटिंगेल' की फाँसी लगी हुई है और 'भाग्यक्रमेण हि धनानि भवन्ति यान्ति' और इसका दुःख नहीं, दुःख तो इस बात का है कि प्राणसखा मदन भी आज बसन्त की छाती पर मूँग दलता हुआ दनादन फायर करता चला जा रहा है, अब न उसे पराग से हाथ धुरियाना है, न तुणीर को पंचबाणों से भरना है और न फूलों की प्रत्यंचा चढ़ानी है, मौसम बेमौसम शर-वर्षा किये जा रहा है।

इस विषम स्थिति में बसन्त का आवाहन करना है, उसकी प्राणप्रतिष्ठा करनी है और उसका पूजन करना है, और यही नहीं उसकी समृद्धि से...

"डार दुम डारिनि बिछौना नव पल्लव के कुसुम झँगूला सोहै तन छवि भारी दै" का झूला रचकर मदन-महीप के उत्तप्त मस्तिष्क को संजीवन से शीतल करना है। इसी प्रेय के दर्शन की कामना-ललक के साथ की गयी है, 'प्रीतम मोंहि जो दरसावै'। जब तक वह न हो, तब एक बार-बार धरती यही गाती रहेगी...'सजनी हो मन मोर मनावै, बसन्त न आवै।'

फाल्गुन 2007, प्रयाग

6

जमुना के तीरे-तीरे

जमुना के तीरे-तीरे चलता आ रहा हूँ। जल के रंग से खिंच कर मन पैरने को करता है, पर गहराई का आभास पाकर डग आगे नहीं पड़ता। इसी खींचातानी में किनारे-किनारे रमता आ रहा हूँ, कहीं सुघाट मिल गया और भली डेंगी मिल गयी तो दूसरा किनारा थाम्हे चलता रहा और लौट कर फिर इसी किनारे। उस किनारे जाता हूँ तो बबूल की छाँह मिलती है, करील के कुंज मिलते हैं और मिलते हैं कुश-परास, आगे रेती और चिलचिलाती धूप या कड़ा जाड़ा। इन्हीं के साथ मिलती है कँटीले बबूल की मीठी गन्ध तनिक भी नशीली नहीं, पर बड़ी शीतल और हियलगी, मिलती है पलाश की निर्गन्ध लाली, अपार्थिव तेज से डहडहायी और मिलती है कुश की नुकीली हरीतिमा। करील के कुंजों में मिलती है अन्त:सलिला सरस्वती की गूँज, अमिय बरसाने वाले गगन का अनाहत नाद। पर गेहूँ की बालियों के झुमके नहीं मिलते, मटर के फूलों की नकबेसर नहीं मिलती, कचनार का लुटाया प्यार नहीं मिलता और सघन वंशीवट की स्निग्ध छाँह नहीं मिलती। मन मानता भी है तो रूप की ये जली आँखें नहीं मानतीं। इसलिए थोड़ी देर घूम-घाम कर फिर इसी किनारे पलट आना पड़ता है।

भले याद आयी, इस किनारे पर मिलता है दोआबा, गंगा-यमुना का अन्तर्वेद......जिसमें छतियाफार अनाज उपजे, जिसमें अमराइयों की लहक से वायु पुलकित हो-हो जाय। याद आयी कि रूपकों के धनी तुलसी ने 'राम भगति' को 'वर सुरसरि धार' का साकार रूप प्रदान किया है और साथ ही उन्होंने 'ब्रह्म विचार के प्रचार' को सरस्वती का निराकार रूप प्रदान किया है। इन दोनों के बीच में

करम कथा रविनन्दिनि बरनी।

बिधि निषेधमय कलिमल हरनी॥

पूरी अर्द्धाली जोड़ी गयी है, कर्म के श्यामल सौंदर्य को आत्मसात् करने वाली यमुना के लिए। विधि-निषेध से पुण्य-पाप, सुख-दु:ख और राग-द्वेष आदि द्वन्द्वों का संकेत मात्र किया गया है, पर 'कलिमलहरनी' कहने का स्पष्ट अभिप्राय है कि कर्ममार्ग ही कलिमल-हरण करने में समर्थ हैं, क्योंकि यही राजमार्ग है, इससे दिनलगाव जितना हो, पर रास्ता सीधा है कटाव-घुमाव नहीं है। इस नदी में छिछलापन नहीं है, मजे में नाव आ जा सकती है, गहराई है, कुंड हैं, पर तोड़-मार धारा नहीं है, घुमरीदार भँवर नहीं है, पानी का बहाव मन्द है, एक बार तैरना आ जाय तो फिर विश्वस्त होकर धारा को पकड़े आदमी आगे बढ़ सकता है जल सघन नील होते हुए भी अत्यन्त पारदर्शी है। जल की भीतरी सतह तक झलझल-झलझल दिखायी पड़ जाती है। कर्मपथ में भी अणु-अणु का दर्शन हो सकता है। इस पथ में त्वरा नहीं है, गहनता है, पर भय नहीं है। बस अभ्यास की ज़रूरत पड़ती है। ऊपर निविड़ संघर्ष का अन्धकार होते हुए भी भीतर शीतल शान्ति का आलोक बना रहता है।

जाने कब से बराबर जमुना की धार धरे चलता आ रहा हूँ। बीच-बीच में दूर नीचे से किसी भिन्न कलकल की गूँज भी सुनाई पड़ी है, कई बार उसके पीछे भटकते-भटकते छिछली खेलने लगा हूँ, पर वह कल-कल ध्वनि बराबर कुछ देर के बाद आप से आप खो जाती रही है। चिन्तन के ऐसे उलझे क्षणों के बाद क्लान्ति और विवशता के सिवा और कुछ हाथ नहीं लगा है। कई बार मुझे याद है मैंने हाथ से डाँड़ छोड़ कर नाव टिका दी है और अपने मन से नाव किसी अनजाने कुघाट पर आकर लग गयी है, मैं अपने में खोया हुआ यकायक चौंक कर जग पड़ा हूँ। तब मेरा ज्ञान घाट पर सिर धुनती हुई लहरों के साथ चूर-चूर होता रहा है, अपने को नियन्ता समझने की अहंता लौटती लहरों के साथ डूब जाती रही है।

पर यह जली रेतीली सरस्वती का विभ्रम बहुत बड़ा अभिशाप है। मैं आज युगों के बाद भी पीछे मुड़ कर देखता हूँ तो लगता है कि जहाँ से चला था, वह जगह ही मानों इसी बीच आगे बढ़कर आ गयी है,मैं उससे आगे नहीं बढ़ सका हूँ। प्रगति का यह धीमापन उस जली रेतमयी की प्रसादी है। कुछ रेगिस्तानी बालुओं में से भी ऐसा लुभावना मधुर संगीत कभी-कभी निकला करता है। वह संगीत मरीचिका से भी अधिक खिझाने और पगलाने वाला

होता है, क्योंकि रसना से श्रुति का महत्त्व जो अधिक होता है। मेरे पीछे की चली हुई किश्तियाँ आगे का क्षितिज पार करके ओझल हो गयीं, पर मैं अभी लगभग जहाँ का तहाँ। इस मरे ज्ञान की 'नसावनी' भूख जिसे अपने सन्तोष के लिए साधना भी कह लेता हूँ मुझे 'सुन्न' बनाती जा रही है। और यह ज्ञान देता क्या है, निराशा, हीनता, ग्लानि, अनुताप और उदासी। हाथ अपने जी भर डाँड़ चलाते रहते हैं, पर मन पीछे किसी कछार में दुःस्वप्नों में उलझा पड़ा रहता है। कर्म के तुमुल संकुल के बीच उत्साह के साथ ठेला-ठेली करते हुए भी भीतर निष्फलता की भावना सुबकती रहती है।

ज़िन्दगी में ऐसे मोड़ एक वृत्त बनाकर मेरी आँखों के सामने नाच रहे हैं। बचपन में, दूसरों के मुख से ही सुना है कि जज बनने की बात मैं किया करता था। उस माने में जज तो नहीं बना, पर यह इच्छा अनचाहे रूप से यों पूरी हुई कि मैं अपने ही भाव-कुभाव का बहुत कच्ची उम्र में ही जज बन बैठा और मन में तीन व्यक्तियों की स्थापना हो गयी। इस जजों ने प्रायः भीतरी झमेलों को निबटाने के बजाय और अधिक उलझाया ही है, जिससे अन्तर्द्वन्द्व ने नया-नया रूप धारण किया है। और घूम-घाम कर मैं फिर पृथ्वी को गोल सिद्ध करने के लिए वहीं का वहीं मौजूद हूँ। इसीलिए मैं कहता हूँ कि कर्म-पथ में सबसे अधिक भय मनुष्य को अपने ज्ञान से है। ज्ञान से बढ़कर कोई भ्रामक तत्त्व इस पथ पर है ही नहीं।

ऐं ! बुद्धिवाद के इस युग में ऐसी बात? हाँ, बुद्धिवादी युग स्वयं विमूढ़-प्राय हो गया है, उसके पैरों में अपनी ही बनायी बेड़ी लग गयी है, मैं जो कह रहा हूँ वह आसपास की गर्दनतोड़ घुड़दौड़ को देख कर कह रहा हूँ। इस घुड़-दौड़ में जो अन्धाधुन्ध घोड़ा दौड़ाये चला आ रहा है, वही आगे निकल पा रहा है, कलाबाजी करने वाले सवार पीछे रह जा रहे हैं। विवेक का जो सहारा ले रहा है, वह विवेक भर के लिए हो रहा है। अपनी कर्मगा यमुना में ही देखता हूँ, जो बचा-बचा के अपनी नाव आगे की ओर निकालना चाहता है, वह पीछे रह जाता है और जो दूसरों को ढकेलते छकियाते हुए किसी नाव के डूबने आदि की परवाह न करते हुए अपनी बिजली-डेंगी चीरता चला जाता है, वही नौका-दौड़ में विजय-पदक प्राप्त कर रही है। बुद्धिमान् लोग इसी को 'योग्यतम का अतिजीवन' (सरवाइवल आफ दी फिटेस्ट) कहते हैं।

डार्विन का सिद्धान्त है, कुछ मजाक थोड़े ही। परन्तु तब बुद्धि का भी कुछ मूल्य है कि नहीं, यह प्रश्न स्वभावतः उठेगा। इसके जवाब में भी बोलने वाले बोल उठेंगे—बुद्धि का अर्थ है व्यवहार-बुद्धि उसका अर्थ निर्विकल्प ज्ञान नहीं है, और व्यवहार-बुद्धि का सीधा सादा अर्थ है 'काँइयापन' जिसके अनुसार उचित अनुचित के विवेक का पैमाना बन जाती है यदृच्छा या मनमानी।

यह भी लोग कहते हैं कि धूर्तता की बदौलत ही मनुष्य अपने से विशाल और शक्तिशाली प्राणियों को भी परास्त करके सृष्टि में मूर्धन्य बन गया है, स्वयं मानव जातियों में ही जो जाति जितनी ही महीन चतुराई में अभ्यस्त रही है, वह उतनी ही आगे बढ़ती गयी है। सिधाई और सच्चाई के पीछे भटकने वाली जाति विलुप्त हो गयी है।

अब प्रश्न यह है कि धूर्तता को ज्ञान की कोटि में रखा जाये कि नहीं और यदि रखा ही जाये तो क्या आगे बढ़ना ही एकमात्र सफलता का मापदंड है? ये जिज्ञासायें उठती हैं, पर इनका ठीक-ठीक समाधान नहीं मिल पाता। 'गहना कर्मणो गतिः' कर्म की गहराई आज तक थहाई नहीं जा सकी। साध्य बड़ा कि साधन, सिद्धि बड़ी कि साधना, या सागर बड़ा कि नदी, इन प्रश्नों का ठीक-ठीक उत्तर मिल नहीं सका। प्रत्येक युग में इन प्रश्नों की मीमांसा करने का प्रयत्न हुआ है, पर कभी भी कवियों की किसी एक उत्तर पर राय एक नहीं हो सकी है। सीधी-सी बात जानता हूँ कि जमुना की धार में जीवन-नौका छोड़ दी है, अनेक मानसिक क्लान्तियों एवं विरसताओं के बीच हार थक कर इसी धारा में पड़ा रहा, बीच-बीच में एक से एक चमकीली उपधारायें आयीं, बहुतेरे साथ के माँझी उनकी धरे-धरे ऊपर चढ़ गये और बीच-बीच में गन्दी मोरियाँ भी मिलीं, कुछ साथी उनकी ओर खिंचकर नीचे चले गये, कर्म-पथ पर चलते रहने की अपेक्षा उन्हें नरकों में धँसना ही सुकर लगा, परन्तु मेरी तरी निश्चल गति से यमुना की मझधार में ही पड़ी रही।

सुना है कि यमुना और यमराज में भाई-बहन का नाता है, शुभ-अशुभ और विधि-निषेध की थप्-थप् इसीलिए इस धारा में एक क्षण भी बन्द नहीं होती, भाई इनके लेखा-जोखा के ठेकेदार जो ठहरे। एक बार थप्-थप् से इसीलिए इस धारा में कान परच जाते हैं तो फिर बाद में इनके बिना जीना दूभर

हो जाता है, यह ध्वनि प्राणों में बस-सी जाती है। इस ध्वनि के आगे दूर से आती हुई गंगा की हहकार अधिक विमोहिनी हो पर आप्यायिनी नहीं है। जब नाव को प्रतिकूल पवन मिला है, तो उस पवन के साथ जूझते हुए मैंने वह हहकार जरूर सुनी है। जब प्रतिकूल परिस्थितियों ने मुझे झकझोरना चाहा है, झकझोर कर मेरी नाव उलटनी चाही है, तब उस हहकार का उद्दाम आमन्त्रण अनचीते ही मिला है। उस समय भक्ति-प्रवाहिनी अपने अन्तः श्रवणों के समीप उमड़ने लगी है और अपनी नाव से बँधे रहने के नाते अपनी धार न छूट सकी हो, यह दूसरी बात है, पर उस आमन्त्रण ने ऐसी लवलीनता ला दी है कि उलटी बयार का वेग कुछ जान ही नहीं पड़ा है और उसकी चोट मैंने फूल की तरह ओढ़ ली है। इन विरल क्षणों का मैं आभारी हूँ, क्योंकि मैं अपने आप तो उस सुरसरिता की धार पाने कौन कहे चाहने से भी रहा, पर जो अनमाँगे, बेबुलाये वह अपना दुलारभरा सन्देश भेजती है तो मैं हृदय से उसकी कृतज्ञता कैसे न मानूँ। कौन जाने, यह कृतज्ञता ही कभी मन में वहाँ तक पहुँचने की उन्मादिनी प्रेरणा बन जाये और तब वह रोके न रुके जब तक उस धवल धार में लीन न हो जाये।

सुनता हूँ उस धारा में एक बार आदमी उतर जाये तो बस उसे हाथ-पाँव हिलाने की जरूरत नहीं रह जाती, कर्तव्य-अकर्तव्य का प्रपंच नहीं रह जाता, शुभ-अशुभ का बोध नहीं रह जाता, सुख-दुःख की अनुभूति नहीं रह जाती, सब कुछ धारा में समर्पित हो जाता है। हाँ, उस धारा में उतरना कठिन है, इतने लुभावने और इतने डरावने अन्तराय हैं कि वहाँ तक पहुँचना खतरे से खाली नहीं है। मेरे जैसे भीरुओं के लिए वह रास्ता नहीं है। जिसको अपने पाप-पुण्य से चिपकाव होगा, वह उस धारा में कूदने का साहस नहीं करेगा। जो अपने प्राणों का मोह छोड़ कर ऊँचे कगार से कूद जाने का बस एक बार साहस कर सके, उसी की वह धार है। उस धार में कूदने वाला स्वयं नौका बन जाता है, उसे ले जाने के लिए किसी दूसरी नौका की आवश्यकता नहीं रह जाती।

पर जाने दो, जो मेरा प्राप्य नहीं है, उसकी चर्चा क्यों करूँ, इसीलिए कि बहुत मीठी है, चोरी की प्रीति की तरह, लोभी के दाम की तरह। न-न-न-न मेरी यह चिरपरिचित चिरचलित धार ही बहुत अच्छी है। भले ही उसके

दोनों ओर करील ही करील हो, भले ही उसकी धारा में विरसता की जड़ता हो, भले ही उसकी लीक लहरदार न हो, पर उसके श्यामल रंग के प्रसार में जो सौन्दर्य है, मैं उसी पर मुग्ध हूँ। अपने बहुधन्धीपन में मैं इस सौंदर्य के प्रति अन्धा हो जाऊँ, यह मेरी अपनी चूक है। मैं बीच धारा पकड़ के नहीं चलता, यह मेरी अपनी दुर्बलता है। स्थिर और निश्चित सिद्धि के लिए मेरा जो लोभ है, उसी के कारण तो एक-एक पग दूभर हो गया है। पर इस थकान में भी जमुना के तीरे चलते रहने का अपने आप क्रम बना हुआ है। वह कम नहीं है। यों तो अपने नसीब के नाम पर कल्पना मानव स्वभाव है, उसके लिए मैं क्या करूँ?

—श्रवण 2008, प्रयाग

7

चन्द्रमा मनसो जातः

चन्द्रमा के जन्म-कर्म के सम्बन्ध में अनेक कथायें हैं, कहीं वे महर्षि अत्रि की सन्तान हैं, कहीं त्रिपुरसुन्दरी की बाँयीं आँख के समुद्भूत कहे गये हैं और कहीं उदधि के वे पुत्र कहे गये हैं, पर इन सब से अलग और विचक्षण कल्पना है कि 'चन्द्रमा मनसो जातः' चन्द्रमा विराट् पुरुष के मन से उत्पन्न हुए हैं। मन से उत्पन्न हुए हैं तभी तो बुध के पिता हैं और मनोभव के अभिन्न मित्र। और तभी तो अन्तर्जगत् के समस्त सौन्दर्य के और जीवन के निश्शेष अमृतत्व के अकेले प्रतीक हैं। चन्द्रमा का कलंक है और उनकी क्षीणता भी मानव मन की क्षीणता है। अमृत-साधना का मन्त्र चन्द्रमा ने मन से ही तो पाया है, मन भी पार्थिव मन। चन्द्रमा का पथ पृथ्वी की परिक्रमा के साथ-साथ मनुष्य की ऊँची उड़ान की लकीर है। 'कारण गुणाः कार्यंगुणानारभन्ते, (कारण के गुणों से कार्य के गुण होते हैं) यह न्यायशास्त्र के लिए चाहे सच हो, पर मैंने तो देखा है कि चन्द्रमा कार्य होते हुए भी अपने कारण मन में अपने-अपने गुणों का प्रतिक्षेप करता रहता है। मन की पर्तों को समझने के लिए इसीलिए चन्द्रमा की पर्तों को समझना आवश्यक हो जाता है।

माउण्ट विल्सन की वेधशाला वाली दूरबीन के लिए सुना है कि चन्द्रमा की दूरी केवल पचीस मील रह गयी है और वहाँ से चन्द्रमा का चप्पा-चप्पा जमीन की पैमाइश कर ली गयी है। चन्द्रमा के नक्शे में पहाड़ों और खोहों को टेढ़े-मेढ़े जबड़ातोड़ नाम भी दिये जा चुके हैं। चन्द्रमा को रसाकर मानने वालों को बड़ी निराशा हुई है यह जान कर कि रस की वहाँ एक बूँद भी नहीं है, जो कुछ सुन्दरता है वह बीहड़ और उजाड़, जीवन का वहाँ सर्वथा अभाव है। इसीलिए चन्द्रमा की चढ़ाई में इधर लोगों को रस नहीं मालूम होता। मन के लिए भी दूरबीन आल्प्स की घाटियों में खड़ी करने का प्रयत्न फ्रायड, जुंग

और एड्लर ने किया है, पर इनकी दूरबीन और रंगीन है। मन की विषमताओं के केवल अधूरे पक्ष इसकी परिधि में आ सके हैं, मन का जीवन से कितना बिलगाव है यह तो पता चल गया है, पर मन की अन्दरूनी नाप-जोख अभी ठीक-ठीक नहीं हो सकी है। चन्द्रमा छिछोरा रहा है, उसका भेद देने के लिए अश्विनी, भरणी, कृत्तिका आदि-आदि सत्ताइस चमकने वाली पत्नियाँ हैं, जो सौतियाडाह से दहकती रहती हैं। मन की गहराई अतलस्पर्शिनी है, उसका भेद लेने के लिए सुषुप्ति तक पहुँचना पड़ता है और 'सुन्न महल में दिअना' जलाना पड़ता है। 'न यत्र सूर्योभाति न चन्द्र तारका नेमा विद्युती भान्ति कुतोऽयमग्निः' (जहाँ सूर्य का प्रकाश नहीं, चन्द्रमा का प्रकाश नहीं, आग की कोई चर्चा ही क्या उठेगी) मन का लोक पृथ्वी के परमाणु में सिमट कर समस्त ब्रह्मांड से बड़ा है, उससे भी अधिक दुर्ज्ञेय है, अज्ञेय मैं न कहूँगा, क्योंकि अपने को अज्ञेय घोषित कराने वाला तो ज्ञान को चुनौती दे देकर ज्ञेय हो जाता है। मन की पैमाइश इसलिए अभी पश्चिमी मनीषी तक नहीं कर पाये हैं इतना ध्रुव है। सूक्ष्म को स्थूल बना कर देखने का जिसे अभ्यास हो, वह स्थूल से सूक्ष्म का साक्षात्कार कर भी नहीं सकता। पश्चिम से हमारा अभ्यास भिन्न है, हम ससीम से असीम की ओर जाने का प्रयास करते हैं, सरूप से अरूप की ओर जाने की चाहना करते हैं, और वैखरी से परा तक पहुँचने की सीढ़ी लगाते हैं, इसीलिए हमने सोचा-समझा और कह दिया 'चन्द्रमा मनसो जातः' चन्द्रमा मन से उत्पन्न हुआ। मन की खोज चन्द्रमा के सूत्र से ही की जा सकती है, इसी सूत्र के सहारे खोज हमने की है और चन्द्रमा की पर्त चाहे न उघारी हो पर मन की गाँठ हमने खोली। सो कैसे? चन्द्रमा की अमृत-साधना की बदौलत। कभी किसी ने कृष्ण पक्ष की अष्टमी के शशी को देखा है। साँझ से नीरव निशीथ तक अनन्त आकाश में अनन्त झिलमिलाते नक्षत्र पंजों में अपना दुविधा सुधा को बाँट बिखरा कर वारुणी के अंचल में मुँह ऊँचा कर के झाँकते हुए महासाधक को किसी ने देखा है? आधी रात के झाँय-छाँय करते हुए सूनेपन में अपनी आधी कला लुटा कर शेष आधी कला की बंकिमा में खिलते हुए इस बेला के फूल को किसी ने देखा है? जिसने देखा होगा, वह मन की उस साधना का मर्म भी समझ सकेगा, जिसमें जवानी अपने हृदय का आधे-आध करके आधा हृदय हथेली पर रख कर आधे हृदय से ही उमगती रहती

है। कुछ और स्थूल जगत् में चलें तो इनका एक चित्र देखें।

एक किशोरी के मन में एक किशोर के लिए चाह उकसती है और उसका मनचाहा उसे मिल भी जाता है, वह खुद मनचाहे की मनचाही बन जाती है। यहाँ तक कि मनचाहा उसके हाथ बिक तक जाता है। अन्त में बीच जवानी में जब मनचाही पूरे तौर से उसका मन हथिया लेती है तब धीरे-धीरे वह एक-एक करके उस चाहे मन के पंख नोच-नोच कर अलग करने लगती है, अपनी एक-एक मुसुकान पर उसकी सौ-सौ मुरकानि करती हुई उसे निपाख और पंगु बना देती है। किन्तु स्नेही का बिका हुआ मन आह नहीं भरता है, हाँ विषभरी मुसुकान की एक चोट में घायल होकर गा भर देता है। उस गान की अमृत स्वर-लहरी में जगत् उसके बलिदान का प्रतिपादन पा जाता है। भर रात ठूँठ गुलाब के काँटे से अपने को छिदा कर अपने रक्त से सींच कर उस ठूँठ में सुमन खिलाने वाली आस्कर वाइल्ड की बुलबुल का बलिदान भी इस बलिदान के आगे हलका पड़ता है क्योंकि बुलबुल का बलिदान कम से कम गुलाब की हँसी मूठ में लिये रहता है और गुलाब ज्यों-ज्यों ठूँठ से हरा हो जाता है, ज्यों-ज्यों पल्लवित से किसलयित होता जाता है और ज्यों-ज्यों किसलयित से कोरकित होता जाता है त्यों-त्यों कृतज्ञता के आभार में वह तो अपने काँटे सिमटाता रहता है। बुलबुल स्वयं अपने नन्हें पैरों से खींच-खींच कर अपना हृदय काँटे में घुमाती चली जाती है। यहाँ तो मानव जगत् में भरी जवानी में प्रेयसियाँ सरबस लेकर भौं सीधी नहीं करतीं और छटपटाते हुए मन-पंछी को मरोरती चली जाती हैं। तुलसी की सात्विक मंजरित सुरभि का स्वाद रत्नावली को नहीं मिला होगा, कालिदास की कामार्त्त विरहव्यथा की घटा उनकी विद्योत्तमा के आँगन में नहीं उनयी होगी शेक्सपीयर की विरसतामयी थकान की अनुभूति उनकी चतुर्दशपदियों की अज्ञात आराध्या को नहीं हुई होगी, दान्ते की प्रेम-यात्रा का अन्दाज भी बीट्रिस को नहीं लगा होगा, घनानन्द की सुजान या दूर क्यों शरत् बाबू की पियारी को उनके स्वोत्सर्ग की झाईं भी न दीखी होगी। हवाई जहाज और राकेट तक पहुँच कर भी, अणु के खंड-खंड करने के बाद भी ध्वंस-शक्ति का महाजाल बिछाने के बाद भी मन के क्षेत्र में जगत् लगभग वहीं है, जहाँ गुहावासी रहा होगा। मन की साधना भी लगभग वहीं है और इसीलिए फ्रायड पढ़े बिना ही कालिदास

का नीवीबन्धोच्छ्वास समझ में आ जाता है, भवभूति का हरिचन्दन पल्लवों का आश्च्योतन भी समझ में आ जाता है और देव की वियोगिनी की योगसाधना भी।

मानव मन का यही बलिदान उसकी अमृत-साधना है। बिना इस सँकरे में आये वह अमृत हो नहीं पाता, बिना अमृत हुए अमृत दे भी नहीं पाता। पुराणों में कथा है कि कृष्णपक्ष में पितर लोग चन्द्र की एक-एक कला पीते हैं और शुक्ल पक्ष में देवता, पर चन्द्रमा पिया जाता है दोनों पक्षों में, अमावस्या के दिन सबसे उत्सव होता है पितरों का और पूर्णिमा के दिन देवताओं का। और साल भर में अमावस्याओं में भी सबसे पुण्यवती अमावस्या आश्विन की होती है, तथा पूर्णिमाओं में भी सबसे बड़ी पूर्णिमा उसी की ही होती है। चन्द्रमा मृत और अमृत दोनों को पिलाता है, एक को पिलाता है क्षीण हो-होकर और दूसरे को पिलाता है पीन हो होकर। पितर पी कर भी नहीं तृप्त होते, देवता पीकर जगत् तृप्त कर देते हैं। मनुष्य का मन भी दोनों को पिलाता है जो मरा है उसे भी, जो जीवित है उसे भी। मरे को पिला कर मारने का बल देता है, जिले को पिला कर जिलाने का बल देता है। अमा की अँधेरी रात में चन्द्र रीता होकर भी द्वितीया की अर्चना पाने की तैयारी में डूबा रहता है, संकोच में छिपा रहता है और पूर्णिमा की उजेली चाँदनी में वह पूर्ण होकर भी अनागत की छाया से पीला पड़कर घूमता रहता है। ठीक यही दशा मन की है, दु:ख को गहन रात्रि में वह भार की आस में भीना और सुख के चरम उत्कर्ष पर उतार की निढाल से चूर।

पर बात चली थी कृष्ण पक्ष की अष्टमी के महासाधक शशांक की। वाम साधना में तो कृष्ण पक्ष की अष्टमी का यदि विशेष महत्व है तो अकारण नहीं। वाम साधना जिसे सहज मानकर तत्वदर्शियों ने सहज साधना की भी संज्ञा दी है, कृष्ण पक्ष की अष्टमी के अगले दो पहरों का सूना अन्धकार भर नहीं माँगती, वह जीवन के पूर्वार्द्ध का भी निरालोक अन्धकार माँगती है। यह अन्धकार किसने नहीं दिया है, व्यास ने नहीं दिया कि कालिदास ने नहीं दिया, सूर ने नहीं दिया कि तुलसी ने नहीं दिया, ह्यूगो ने नहीं दिया कि गेटे ने नहीं दिया? किसने नहीं दिया? शक्ति के तीन नाम हैं......महालक्ष्मी, महासरस्वती और महागौरी। जिसमें विभव की कामना है उसने क्या अपना

पूर्वार्द्ध नहीं गँवाया? जिसने स्नेह की चाहना की, उसने अपना पूर्वार्द्ध विछोह के अछोर अन्धकार में नहीं गँवाया? सीधी-सादी चौड़ी डगर पकड़ कर चलने वालों की बात नहीं करता, क्योंकि उस राह पर चलने वाले भीड़ में धीरे-धीरे सरकते हुए चलते हैं, जन्म-जन्मान्तर में भी चींटी की तरह वे जहाँ के तहाँ ही पड़े रह जाते हैं, पर जो अनजानी एक-पदियों पर चलने का उत्साह रखते हैं, वे आधा जीवन अनुभव या ठोकर में गँवाते ही हैं। दूसरे के मारे शिकार पर उनके दाँत नहीं चलते और दूसरे की चली डगर पर उनके पग नहीं पड़ते, उनकी बात मैं करता हूँ, इसलिए कि उनकी बिरादरी में शामिल होने को न जाने कब से ललक है। कृष्णपक्ष की अष्टमी का इसीलिए भक्त हूँ। जानता हूँ निशीथ अभी दूर है, पर अन्धकार के लिए ममता बड़ी प्रबल है। पांडवों ने इस अन्धकार से ममता की थी और कभी अपने जीवन के अन्तिम पहर में उन्हें इस विगत अन्धकार के लिए बड़ी ललक भी हुई थी,

विपदः सन्तु नः शश्वद्यत्र यत्र जगद्गुरो
तत्र ते दर्शनं नः स्यादपुनर्भवदर्शनम्॥

(हे जगद्गुरु, विपत्तियाँ हमारे ऊपर सदा रहें, जिससे तुम्हारा पुनर्जन्म का अदर्शन कराने वाला दर्शन तो मिलता रहे।)

अस्तु, अष्टमी तो चन्द्रमा की एक पहलू मात्र है। चन्द्रमा के और भी तो कोने-कगारे हैं। सबसे बड़ा तो उसका कलंक ही है, जिसे कवियों की कल्पना न जाने कौन-कौन रंग प्रदान करती रही है। शशक, मृग तो लोगों ने कुतूहलवश कहा है, तत्वतः कलंक चन्द्रमा के उरःस्थल के गहनतम गर्त हैं, उसके हृदय के अन्धकार की सबसे अछूती गहराई है और उसको गर्व से आस्फालित न होने के लिए सबसे बड़े अंकुश। मन की दुर्बलता भी उतनी ही संलक्ष्य होती है। विवेकानन्द ने कहा था कि मनुष्य के हृदय में दुर्बलता न हो, तो ऊँचे उठने की प्रेरणा न उसमें आये, करुण चीत्कार न उसमें उठें और न उसमें दिव्य ज्योति ही जगे। सहृदय रहीम ने भी इसी दुर्बलता से अपने आराध्य को आभारी बनाया था......

नवनीतसारमपहृत्य शंकया स्वीकृतं यदि पलायनं त्वया
मानसे मय घमान्धताभसे नन्दनन्दन कथं न लीयसे॥

(माखन चुराकर यदि तुमने भागने की ही ठानी है तो कहाँ मारे-मारे फिरोगे, सारा जगत् तो तुम्हारे प्रकाश से आलोकित है, हाँ, प्रगाढ़ अन्धकार वाले मेरे मन के कोने में आकर छिपना चाहो तो भाई, आ जाओ जगह सुरक्षित है।) कहाँ तो चन्द्रमा में कलंक बसता है और कहाँ उस मतवाले रहीम ने अपने कलंक में ब्रजचन्द्र को बसाना चाहा था। यह विधि की विडम्बना नहीं मन की विचित्रता है, जिसका कलंक जितना ही बड़ा होगा उसकी अमर ज्योति भी उतनी ही पूरी होगी। इसमें यह न समझा जाये कि कलंक ही महनीय अथवा पूजनीय है। पर उसकी पूजा का साधन है कलंक, उस अमरता तक पहुँचने की सीढ़ी है कलंक, जो इस साधन तक ही रह जाना चाहता है, जो अपनी दुर्बलताओं की गठरी पर बैठे रहने में ही अपनी जिन्दगी बिता देता है और जो अमृत कला के लिए साहस का कण भी संचित नहीं कर पाता, वह तो अपने साधनों का दुरुपयोग करके पाप में एक दहाई और वृद्धि करता है। कलंक सबको ऊँचे नहीं उठाता, लेकिन जिसे उठाता है, उसे चरम शिखर तक पहुँचा देता है। इसलिए कलंक को महान् पुरुष सहर्ष धारण करते हैं। स्वयं शशि को सिर पर बिठलाने वाले शंकर गले में कालकूट धारण करते हैं। शशिशेखर के पितामह का कलंक तो मृगशिरा नक्षत्र के रूप में अब भी जाज्वल्यमान है और शशिशेखर के आराध्य तथा आराधक विष्णु की छाती पर लात का चिह्न धारण करते हैं। शंकर को महाविष मिला, क्योंकि उनमें क्रोध का लघुविष आ गया था, ब्रह्मा को व्याध बने रुद्र का तीर मिला, क्योंकि उनमें काम आ गया था। विष्णु को लात मिला, क्योंकि उन्हें नींद आ गयी थी। विष पीने के बाद शंकर से बड़ा दया और करुणा का सागर नहीं रहा, तीर से बिंधे जाने पर ब्रह्मा से बड़ा ब्रह्मचारी नहीं हुआ और लात मिल जाने पर विष्णु से बढ़ कर जागरूक पालनकर्ता नहीं हुआ। चन्द्रमा कलंकी हुआ तो क्या हुआ। चन्द्रमा के पिता (मन) के भी आराध्य परब्रह्म श्रीकृष्ण को भी कलंकी होना पड़ा। प्रीति से छूआछूत भी रखने वाले महापुरुष को छैला बना दिया जाये, उसके लिए इससे बड़ा कलंक क्या है? पर इस कलंक को धारण करके ही व्रजेश्वर ने भारतीय साहित्य को उज्ज्वल शृंगार की पद्मनिधि लुटा दी है। चन्द्र का कलंक छिपाता नहीं, मन छिपाता है। जो मन नहीं छिपाता, वह कृतकार्य हो जाता है। मन छिपाता भी तभी नहीं है जब वह किसी ऐसे

आराध्य की चिन्ता में लवलीन हो जाता है, जिसके वदनविम्ब के आगे,

नित ही अपूरब सुधाधर वदन आछो
मित्र अंक आए जोति ज्वालनि जगतु है।
अमित कलानि ऐन रैन द्यौस एकरस
केस तम संग रंग राँचनि पगतु हैं॥
सुनि जान प्यारी घन आनन्द ते दूनो दिपै
लोचन चकोरनि सो चोंपनि खगतु हैं।
नीठि दीठि परें खरकत सों किरकिरी लों
तेरे आगे चन्द्रमा कलंकी सो लगतु हैं॥

निष्कलंक मुख चन्द्र की प्यास समस्त कलंक धो देती है। वह प्यास दूसरों के लिए परम तृप्ति बन जाती है। व्यास को वेदपुराण-इतिहास में डूबने के बाद भी प्यास लगी थी और उस प्यास ने श्रीमद्‌भागवत का रसफल किया।

चन्द्रमा की कला का घटाव-बढ़ाव नियत गति में बँधा चलता है पर मन इतना बँधा थोड़े ही है, हाँ वह अपने से बँधता है तो चाहे उस बन्धन से पिंड न छुड़ा सके। चन्द्रमा को इसलिए यदि एक पूर्णिमा मिलती है तो साथ ही अमावस्या भी एक से अधिक नहीं मिलती। निरंकुश होने के कारण ही मन की दशा ऐसी हो जाती है कि 'जीवन मूरति जान को आनन है विन हेरैं सदाई अमावस', साथ ही कभी-कभी अमावस चीर कर निकलने पर वह अनन्त ज्योत्स्नामयी राकामयी स्थिति में भी चला जाता है, जहाँ से फिर लौटना नहीं होता।

चन्द्रमा की तरह आकर्षण में बँधकर चलने वाले घरपोसू लोग भी होते हैं, जो पुत्र-कलत्र चिन्ता में इतने घिर जाते हैं कि अपना घटाव-बढ़ाव लख भी नहीं पाते, पर घटते-बढ़ते उनकी आयु सिरा जाती है। कभी-कभी स्थिरता उनमें आती ही नहीं कि चन्द्रमा की ही भाँति अपने आप उसके गले में सुधादायिनी मूर्ति न लिपट जाय। पर मन को मुक्त रखने के लिए शरीर को व्यथा की व्याली से लपेटना पड़ता है, सब कुछ लुटा कर उसे केवल प्राण-रक्षामात्र इसलिए करनी पड़ती है कि...।

दृग नीर सों दीठहिं देहु बहाय पै वा मुख कौं अभिलाखि रही।
रसना विष बोरि गिराइ गसों वह नाम सुधानिधिं भाखि रही।

घनआनंद जान सुबैननिं त्यों रचि कान बचे रुचि साखि रही।
निज जीवन पाय पलैं कबहूँ, पिय कारन यों जिय राखि रही।

नेह में इतनी 'बिथा' ढोने वाले मन से मुक्त रहते हैं और वे अपने अवच्छिन्न प्रिय को प्राप्त न करें अनवछिन्न प्रिय को अवश्य ही प्राप्त करते हैं। उनकी प्रीति में जो जितना ही अपना शरीर बाँधता है, वह बन्धनों से उतना ही मुक्त हो जाता है।

दुस्सहप्रेष्ठविरहतीव्रतापधुताशुभाः।
ध्यानप्राप्ताच्युताश्लेषनिर्वृत्या क्षीणमंडलाः॥

(प्रियतम के दुस्सह विरह के तीव्र ताप में समस्त अशुभ को धोकर और ध्यान में अच्युत प्रियतम का आलिंगन के द्वारा समस्त पुण्य का भोग कर) परमानन्द से एकाकार हो जाते हैं। चन्द्रमा विचारा पार्थिव बन्धन का दास उसे फेरा लगाना ही होगा, पर फेरा लगाते हुए भी वह सर्वथा अमृत पथ का संकेत किया करेगा, अपनी दुर्गति से ही सदा सद्गति की शिक्षा देता रहेगा। मन से निकल कर भी मन का मधुबन्धन तो वह पा सका, पर मोक्ष न पा सका। चन्द्रलोक पुण्यलोक तो बन गया पर शाश्वत लोक पदवी उसे नहीं मिली। 'क्षीणे पुण्ये मर्त्य लोकं विशन्ति' कभी न कभी चन्द्रमा से फिर नीचे उतरना ही पड़ता है। मन यहाँ भी उससे बड़ा है। वह मर्त्यलोक में रह कर परमानन्द वाले लोकों की सृष्टि करता रहता है। वह स्वयं परमात्मा का आसन बनकर बुनता-उधेड़ता रहता है।

फलित ज्योतिष के अनुसार रोहिणी का चन्द्रमा बहुत प्रशस्त माना गया है। सुना है रोहिणी के लिए पक्षपात ने ही चन्द्रमा को क्षय का शाप दिलवाया है। पर तब भी रोहिणी के लिए चन्द्रमा का लगाव है सविशेष। रोहिणी चन्द्रमा की आरोहिणी भी है, अवरोहिणी भी है। चन्द्रमा की आश्रिता भी है, आश्रय भी है, इसीलिए उसके घर में चन्द्रमा सर्वोच्च हो जाते हैं। स्वयं श्रीकृष्ण का जन्म भी रोहिणी के चन्द्रमा में ही हुआ है, तभी वे व्रजचन्द्र हुए, उन्हें किसी ने भानुकुलभानु नहीं कहा। रामचन्द्र का जन्म हुआ है उच्च सूर्य में और भानुकुलभानू सही माने में कहे भी गये। किन्तु श्रीकृष्ण मनोभव तत्त्व के अधिष्ठान, वे मन के मीत, चन्द्रमा से ही बने हुए हैं। उनकी उपासना में अन्धे रहने वाले अलबत्ता सूर्य बन गए, पर वे स्वयं 'देवकीजठरभूरुडुराजः' बने

रहे, अकेले उन्हें चमकना नहीं था, उन्हें बनना था उडुराज, नक्षत्रमालाओं का आराध्य उन्हें प्रातः सायं अर्घ्य नहीं लेना था, प्रताप नहीं फैलाना था, अमृत छिड़काना था। पर उन्हें यह शीतल ज्योति मिली कहाँ से? उनकी रोहिणी कौन बनीं? जिन्होंने अपना नाम खोकर राधना करने में ही अपने को निश्शेष कर दिया और जो इसीलिए आज राधा या राधिका नाम से ही विश्रुत भी हैं, उन्होंने ही वृषभानु का तेज लेकर अवतार लिया केवल कृष्ण को चन्द्र बनाने के लिए। धरती की बेटी ने अपनी क्षमा की बलि देकर राम को सूर्य-सा तेजस्वी बना दिया, वृषभानु की कन्या ने अपने स्नेह की बलि देकर कृष्ण को कमनीय बना दिया। इस शशि की उपासना करके सूर सूर्य हो गए और उस भानु की वन्दना के लिए तुलसी शशि हो गये, जिन्होंने व्यक्ति के लिए आदर्श उपस्थित किया, वे लोकरंजक रह गये। राम के राज्य की बड़ाई हुई और कृष्ण के रूप की बड़ाई हुई। यह है विडम्बना, पर इन दोनों के शक्ति के स्रोतों की यह महिमा है, दोनों अपनी उल्टी दिशा में पड़ गये हैं। मन की भी यही बात है। उसे स्फूर्ति या शक्ति किसी रोहिणी से ही मिलती है, रोहिणी चाहे रूपमयी हो, चाहे रसमयी हो, चाहे गंधमयी हो, चाहे स्पर्शमयी हो, चाहे शब्दमयी हो या चाहे पंचमयी ही क्यों न हो, पर उसकी उठान के लिए रोहिणी का अवलम्बन अपेक्षित है। रोहिणी के लिए जिसे भटकना पड़ता है, वह शून्य में खो जाता है, पर रोहिणी जिसे स्वतः मिल जाती है वह ऊँचे उठ जाता है। पर सबसे ऊँचे उठाने वाली रोहिणी शब्दमयी ही होती है, यह अक्षर उन्नति कराती है।

'चन्द्रमा मनसो जातः' की ओर एक बार फिर लौट कर दृष्टि जाती है, तो याद आता है कि इस मन्त्र का विनियोग आरती के लिए है।

मन के आलोक का डिंडिमनाद करने के लिए मानों मन्त्र उच्चरित होता है, मन्त्र का दूसरा अंश है : 'चक्षोः सूर्यो आजायतः (चक्षु से सूर्य उत्पन्न हुए) अर्थात् आँख जिसका महत्व मन से कहीं कम है सूर्य को पैदा करती है। इसी से पता चल जाता है कि भीतरी ज्योति के आगे बाहरी ज्योति कितनी छोटी है। मन की धुँधली तरल स्वप्निल ज्योति जो देती है, वह आँख की भास्वर दृष्टि नहीं देती। आँख चमत्कृत अवश्य करती है, पर सुख नहीं देती। इसीलिए आरती करते समय पहले स्मरण किया जाता है चन्द्रमा और मन का

ही। जिस आरती में हृदय का सोमदीप नहीं जला, वह आरती छूँछी है, जिस पूजा में ऐसी आरती नहीं हुई, वह पूजा छूँछी है और जिस घर में ऐसी पूजा नहीं हुई, वह घर भी छूँछा है। कोई भी देवी देवता हो, कोई भी आराध्य हो, कोई भी सेव्य हो उसकी आरती में चन्द्रमा मनसो जातः पढ़ना उसे तृप्त कर देता है। जो नहीं तृप्त होता होगा, वह पिशाच होगा। हृदय की लौ जिसे आलोकित न कर सके, वह महामूढ़ होगा और उसके लिए जो कुछ ऊपर लिखा गया है वह चन्द्रग्रस्त प्रलाप ही जान पड़ेगा। प्रलाप है या विलाप है, या दोनों है इसे मैं बता नहीं सकता। यह तो भविष्य की कसौटी बतायेगी, किन्तु मन कभी-कभी मूढ़ ज्वाला में घबरा कर चाहता अवश्य है कि

विशालविषयाटवीवल लग्नय दावानल
प्रसृत्वरशिखावलीविकलित मदीयं मनः।
अमन्दमिलदिन्दिरे निखिलमाधुरीमन्दिरे
मुकुन्दमुखचंदिरे चिरमिदं चकोरायताम्॥

आग की लपटों से बचाव का कोई रास्ता नहीं है जब तक कि किसी अमन्द शोभा वाले मुखचन्द्र को पीते रहने की चकोरता न आ जाय, इसलिए मन उस चन्द्र का चकोर बनने के लिए तड़प रहा है, अब चाहे चन्द्र दर्शन दे या नहीं, कम से कम आग चुगने की सामर्थ्य तो दे ही दे, आशा का बल तो दे ही दे, जिससे दुराशा के दुर्दिन कट जायें। यह चाह उठती है, इसी में जन्म की सार्थकता मानता हूँ, अभी टिक नहीं पा रही है, तो चंद्रमा भी चंचल, मन भी चंचल दोनों की देखादेखी भी नहीं, केवल सुना-सुनी है, दोष ही क्यों किसी को दूँ? तब तक अपने मन को आश्वासन देने के लिए जपता रहूँगा 'चन्द्रमा मनसो जातः' मन कम से कम अवसाद से उबरा रहेगा। इतना बहुत है, छीना-झपटी में इतना हाथ आना भी बहुत बड़ा लाभ है।

—श्रावण 2009, मंझरिया

8

साँची कहौ व्रजराज तुम्हें रतिराज किधौ रितुराज कियौ है

बसन्त पूर्व और पश्चिम दोनों में नवयौवन की मस्ती का प्रतीक माना गया है। रति की भावना का मुदित रूप किसलय, कुसुम, केसर और मधु की ऋतु में अनुविम्बित हो पाता है और इसीलिए बसन्त के आगम के समय के ही समानान्त यौवन के नवोद्‌गम का समय भी चलता रहता है, जहाँ बसंत हिमानी में उष्मिल फुहार के रूप में आता है, वहाँ जवानी भी देर में विकसती है, वहाँ आरम्भ में दखिनैया की लहकार नहीं रहती और न रहती है कुसुमों की रंगीनी। किन्तु जहाँ बसन्त पतझार के पीछे-पीछे दौड़ता आता है, जहाँ वह प्रकृति का निवारण पाख दो पाख भी नहीं सहन कर सकता है और जहाँ उसे जगाने के लिए किसी पछुवा बयार को अपनी समूची प्राणशक्ति लगानी नहीं पड़ती, वहाँ बसन्त में केवल सान्त्वना का निश्वास नहीं रहता, वहाँ स्थिर मादकता होती है। साथ ही कला जिसकी प्रेरणा का मुख्य स्रोत नवीनता और पूर्णता का उत्कर्ष यौवन होता है और जिसकी मुख्य रागिनी अनंग की प्रत्यंचा की हुंकार से निकला करती है, बसन्त के इस बाहरी और भीतरी प्रभाव की प्रतिच्छाया से अछूती नहीं रहती। चासर, शेक्सपीयर, शेली और टेनीसन की कला में बसन्त की ताजगी है, कालिदास की कला की उन्मादिनी और भीनी सुरभि नहीं, थोड़ी बहुत मीठी सुरभि वे अपने ग्रीष्म के मध्य में दे पायी हैं, हाँ कोयल की मीठी तान दोनों में एक समान बिखरी मिलती है।

कालिदास और बाण की कला में बसन्त केवल उद्‌गम ही नहीं, उसका पूर्ण विकास भी नहीं है, वह नव पल्लव से लेकर मंजरी का मधुगन्ध ही नहीं, मधुगन्ध से पागल पिकी की पुकार और मधुप की झंकार भी है। पश्चिम की कला का बसन्त 'गलित पर्णराशियों में दबे हुए बीजों के अंकुरित होने की

प्रतीक्षा' करता है, वह विनाश की जड़ता के गलने की बाट जोहता है, पर पूर्व की कला विनाश की हिमवात को बहने का अवसर नहीं देना चाहती, वह ओस के मोतियों पर सरसई आभा लाने के लिए आवाहन करती है, और शायद इसीलिए रतिपति के सखा बसन्त की पंचमी इस कला की अधिदेवता की भी श्रीपंचमी धीरे-धीरे बन गयी है। पूर्व की कला आनन्द विह्वलता के लिए मई की रात नहीं परखती। ग्रीष्म की विह्वलता में उत्तप्त होने का भय रहता है, फगुनहट के दक्षिण स्पर्श में ताप का नाम भी नहीं रहता। इसीलिए तो नहीं कीट्स के 'ग्रीसियन अर्न' की शाश्वत अतृप्ति का यहाँ अभाव है, यहाँ स्वर के भार से आकाश उनया रहता है, गन्ध के भार से वायु उनयी रहती है, रुपहली चाँदनी के भार से चंद उनया रहता है और समस्त चेतन जगत् मलयानिल के स्पर्श से उनया रहता है, अतृप्ति को झाँकने के लिए भी कहीं रन्ध्र नहीं मिलता। यहाँ बसन्त की अतृप्ति को या दूसरे शब्दों में यहाँ काम के कायिक रूप को कला के शिव ने भस्म कर डाला इसलिए नहीं कि काम अनंग होकर विकलांग हो जाय, बल्कि इसलिए कि अनंग होकर वह मन-मन में, हृदय-हृदय में, जड़-चेतन में और चर-अचर में बस सके और छा सके।

शिव का काम-दहन पूर्व की कला के उत्कर्ष की अन्तिम सीढ़ी है, आज वह कला उस ऊँचाई के लघु वातावरण से द्रुत होकर गंगा की भाँति सपाट मैदान में उमड़ आयी है, यहाँ पश्चिम की कला यमुना-सी अपनी गहन वेदना का पारदर्शी श्यामल रससम्भार लेकर उससे मिलने आयी है। यह अवश्य है, यह गंगा अपनी उच्छल शक्ति खो चुकी है और शायद इसमें अपनाने की विशालता भी उतनी नहीं रही, इसीलिए यमुना की रंगीनी बहुत अधिक छा चुकी है, इतनी अधिक कि अपने यहाँ शान्ति और निरभ्रता को प्रतीक शरद पतझार से आरोपित की जा रही है। और फाग का गुलाल भरा राग धुल कर मलार भरा 'बहरे बहार' बन जाना चाह रहा है। दूसरी ओर बसन्त से कभी विलग न होने वाले हास्य-कुंकुम के छिटकाव को नये मजीठ के माठ में बोरा जा रहा है, उसके हलके और सुहावने गुलाबी रंग को चटकीली सुर्खी दी जा रही है। दोनों में से किसी को भी अच्छा या बुरा मैं नहीं मानता, पर जब तक दोनों रंगों को पहचानने की और अपनी अपनाने की सीमा जानने की क्षमता न हो, तब तक ये बुरे हों या न हों, कम से कम भले तो नहीं ही हो सकते। यह

नहीं कि कभी यहाँ की कला में कहीं अन्यत्र से कोई रागिनी, कोई स्वर और कोई रंग लिया ही न गया हो, बल्कि ठीक इसके प्रतिकूल संश्लेष और संघात ही यहाँ कला और जीवन को नया बल एवं जीवन प्रदान करते रहे हैं। स्वयं पिक शब्द हमारी भाषा का नहीं है, यद्यपि उसका सहकार विशुद्ध देशी है। सहकार को पिक का कण्ठ बाहर से भले ही मिला हो, पर वह कंठ सबसे अधिक फबा है सहकार की मंजरी पर ही और धीरे-धीरे वह सहकार के साथ इतना एकाकार हो उठा है कि कवि को कोकिल से कहना पड़ा है...

कोकिल यापय दिवसान्तावद्विरसान् करीलविटपेषु।
यावन्मिलदिमालः कोपिरसालः समुल्लसति॥

अर्थात् जब तक आम नहीं बौरता, तब तक कोयल के लिए करील ही करील है।

...पर जाने दीजिए। पिक सहकार की संगति की बात थोड़ी देर के लिए दूर रखिए...क्योंकि अधिक देर दूर आप इन बँगलों की चहारदीवारियों में ही रख भी सकते हैं, अमराइयों में से झाँकने वाले गाँवों में खेती का प्रोग्राम बढ़ा कर भी अधिक देर तक कोयल और आम की बात दूर नहीं रख सकते...बात चली थी नये राग-रंग अपनाने की और उन्हें अपने तर्ज में ढालने की, मेरा कहना यह है कि अपनाने का व्यापार अपनाव का ओर-छोर नापे बिना नहीं चलाया जा सकता। आकासी खित्ता दर्ज करने के काम में चाहे आये, उसमें आगे के लिए कोई फसल नहीं उगायी जा सकती। वायलेट लगाने के लिए भी जो क्यारी होंगी, उसका जमीन से लगाव होगा, केवल हवा-पानी में कोई पौधा फूलता और पनपता नहीं, यहाँ तक अमरवेलि या आकाशबौर भी किसी महीरुह का आसरा पाये बिना नहीं पसरती। बसन्त कभी आज्य था, फिर मधु बना, फिर काम का सहचर बना, फिर भारती का शृंगार बना और फिर श्मशानवासी शिव के जीवन का मंगल मुहूर्त भी। कभी उसने हिरण्य के अत्याचारों के अग्निकुंड में होलिका की आहुति दी तो उसने पिचकारी में गुलाल और अबीर भी घोला। कभी उसने टेसू, कचनार, अनार और सेमल में अंगार दहकाये तो बाग-बाग, तड़ाग-तड़ाग मधु की अजस्र धार भी बहायी। यदि उसके साथ बलिदान और स्वाहुति की केसरिया लपट की लहक है, तो जन-मन के उन्मुक्त उल्लास और हास-परिहास का गुलाबी छिड़काव भी।

भारत की कला का प्रेय श्रेय से अविभक्त है और इसीलिए उस कला का श्रेष्ठ बसन्त श्रेयान् मात्र न होकर श्रेष्ठ है। वह आग ही नहीं सुलगाता, भस्म की रोरी भी लगाता है। वह मनोभव को उसके अनुरूप पलना देता है, पर उसको बहुत बड़ी सँभाल रखते हुए और उसको विश्वजयी बना कर भी अपनी समृद्धि का याचक बनाते हुए। वह समानता की पिचकारी लिये आता है, पर बहुविधता को मिटाने के लिए नहीं, बल्कि एक सलोने रंग में रंगने के लिए। वह धरती की सुरभि बिखराने के लिए दूर मलय के पवन की सहायता लेता है और बदले में उसका गरल एकदम समूचा पी जाता है। क्षय एवं विनाश के बीज बोने का दोष उसके सिर मढ़ा जाता रहे, पर नयी सृष्टि का और नये मंगल का यश भी तो कोई दूसरा नहीं पाता।

पर आज? आज भारत की कला का प्रेयान्, उसका चित्तचोर उसे बिसराये है या वही उसे बिसरा रही है, नहीं जानता, हाँ दोनों में बिलगाव है और इस बिलगाव की कसक भारती को माधवी से यह याचना करने के लिए विवश कर रही है :

फागुन में का गुन बिचारि ना दिखाई देत,
एती बेर लाई उन कानन में नाइ आउ।
कहैं पद्माकर हितू जो हैं हमारी तो
हमारे कहै वीर वहि धाम लगि धाइ आउ।
जोरि जो धरी है बेदरद दुआरे होरी
मेरी विरहागि की उलूकनि लौं लाइ आउ।
एरी इन नयननि के नीर में अबीर घोरि
बोरि पिचकारी चितचोर पै चलाइ आउ॥

मधु के बाद वाले मास का नाम है माधव और आज का मधुमास माधव की समन्वित कल्पना से सूना-सा है, या यों कहूँ, आज की हमारी कला आत्मचेतना से रीती-सी है।

'भारत में आज मची है होरी' की होली गाने वाले भारतेन्दु के समय में यह रीतापन नहीं था, शिवशम्भु शर्मा के साथ व्रज के कन्हैया की याद करने वाले बाबू बालमुकुन्द गुप्त के समय में भी नहीं, यहाँ तक कि 'वीरों का कैसा

हो बसन्त' का साज-बाज रंगने वाली सुभद्रा के समय तक में उतना नहीं, फिर आज इतना क्यों है? विद्रोह जब तक था, तब तक फूँक मिलती गयी, पर अब प्राण भरने वाली कोई प्रेरणा क्यों नहीं है? क्या स्वतन्त्रता ही अभिशाप है या कुछ कलाकार में ही कहीं घुन लग गया है? आज जब फटे से फटे और कोमल से कोमल गले मिल जाने चाहिए, तब सुरीले गलों में भी स्वर-मेल क्यों नहीं हो पा रहा है, सब के स्वर क्यों इतने अलग-अलग जा रहे हैं और देखा-देखी बेसुरे गँवार अनपढ़ खेतिहर भी अपने राग की एकता का उत्साह खो रहे हैं, उसका स्रोत भी सूख रहा है। मधु बोतलों में भरी जा रही है और बयार उसका भूला भटका कण पाने के लिए तरस रही है। कोयल को न जाने किस विरहिणी के विरहागि का धुँआ लग गया है। हमारी कला की शक्ति 'अस्ति' तक सीमित है, 'भाति और प्रियं' ये दो पक्ष उसके उभर नहीं पा रहे हैं, उभरने के लिए शिव के नाम और रूप की अनुच्छवि जो चाहिए।

संक्षेप में बसन्त और कला के बीच कौन सा सम्बन्ध हो और उसका स्वरूप कैसा हो, इसका विचार करने के लिए भी कला के ऐसे विकास की आवश्यकता है, जो बसन्त की कृपा-दान मात्र पर अवलम्बित न होकर अपने वितान से बसन्त को भी छतनार बनाने की क्षमता रखता हो, अन्यथा बसन्त की इतरान में कला विहँस न सकेगी, वह नीचे दुबकी रहेगी और संस्कृति का प्रवाह रुद्ध हो जायगा; वह कुंड हो जायेगा जहाँ से उबरने का कोई मार्ग नहीं रहेगा। शायद बसन्त का भी अधिक दोष नहीं, पत्तों से, फूलों के और फलों के भार से जब तक उसकी डाल-डाल अवनमित नहीं होती, तब तक वह विनम्र होगा भी कैसे और उस पर भी बिना 'प्रसूनिन की झरि' लाये ही 'अलि चारन' उसकी कीर्ति गाते रहें और परभृत-परभृतिकायें 'चिरजीवौ बसन्त सदा' का नान्दी-पाठ सुनाती रहें, तो फिर उसके सुधार की आशा ही कैसे की जाय। यह तो कला के ऊपर है कि वह चुनौती दे कि 'रहु रे बसन्त तोहि पावस करति हैं'; तब शायद वह भी चेते और कला का मनोभव भी चेते, चेत कर नये कुमार-सम्भव की सृष्टि करे। उसकी प्रतीक्षा हमें करनी है, पर उसके पहले समवेत स्वर में चुनौती भी हमें समूचे हृदय से देनी है और चुनौती देकर पीछे नहीं हटना है। दूसरे शब्दों में कला अभी स्वतन्त्रता की चुनौती स्वीकार करे, इसके पहले उसे स्वतन्त्रता के अग्रदूतों को चुनौती देनी है और तब अपना कोई

समारम्भ पूरे प्राणपण से उठाना है एवं उठाकर उसे पूर्ण करना है; और अभी तो पश्चिम की सुन्दरी के पैरों का महावर घोल कर फाग खेला जा रहा है और हमारा भोला मनमोहन वरुण की कृपापात्री की नशीली आँखों में से भरपूर छाकर ऐसा छका हुआ है कि उसे भान ही नहीं कि महावर है कि रोरी; भारती को विवश होकर उलाहना देना पड़ता है, गोकुल की गौरी के इस उत्पात के लिए...

भोर ही न्योति गयी तो तुम्हें वह गोकुल गाँव की ग्वालिनि गोरी,
आधिक राति लौं 'बेनी प्रवीन' कहा ढिग राखि करी बरजोरी।
आवै हँसी हमें देखत लालन भाल पै दीनी महावर घोरी,
एते बड़े ब्रज मंडल में न मिली कहूँ माँगे हूँ रंचक रोरी॥

पर बिचारे 'बृजराज' को तो 'रतिराज' ने 'ऋतुराज' बनाकर छोड़ा है, बृजमंडल की सुधि ही उन्हें कहाँ है...

बन्दन फैलि पराग रह्यौ कल केसरि केसर बिन्दु दियो हैं;
किंसुक जाल गोपाल नखच्छत स्वास समीर सिरात हियो है।
अंजन रंजित या अलि आनन अंबुज को मकरन्द पियो है;
साँची कहौ बृजराज तुम्हें रतिराज किधौं ऋतुराज कियौ है;

जब आराध्य स्वयं आराधक बन जाय, तब आराधना के लिए अवलम्ब ही क्या रह जाता है? सिवाय इस धैर्य और व्यंग के। देखें इन दोनों से 'बृजराज' कब हार मान कर दाहिने होते हैं।

—वसन्तपंचमी 2008, प्रयाग

9

प्यारे हरिचंद की कहानी रहि जायगी

यद्यपि आज हम मना रहे हैं प्यारे हरिश्चन्द्र की जन्मशती पर क्या यह सच नहीं है कि आज केवल उनकी कहानी भर रह गयी है? क्या यह सच नहीं है कि हिन्दी और हिन्दी कविता भारतेन्दु और उनकी स्वस्थ परम्पराओं से कोसों दूर हो गयी है? क्या भारतेन्दु के बोये हुए बीज कुछ तो छायावादी हिमानी में गल पच नहीं गये और कुछ प्रगतिवाद आँच पाकर एक दम भुन नहीं गये हैं? चारों ओर लोग अवसाद में डूब उतरा रहे हैं और हिन्दी के विकास के लिए अन्धे होकर मार्ग टटोल रहे हैं, पर यह नहीं देखते हैं कि ज्योति नहीं है, प्राण नहीं है, भाषा और साहित्य में भारतेन्दु युग की जीवनी शक्ति नहीं है, भाषा बनाव-सिंगार से बचते-बचते सादगी के अधिकाधिक मोह में कृत्रिमतर होती जा रही है।

साहित्य अन्तर्मुख होने के प्रयत्न में जटिल और लोक-अग्राह्य होता जा रहा है। उदारता का दावा हम आज चाहे जितना कर लें, परन्तु हम अपने रंगीन चश्मे से केवल अपने नाक की सीध देख पाते हैं, सो भी अपने असली रंग में नहीं। इन सब के मूल में क्या है? यही हरिश्चन्द्र की और उनके हाथ से रोपे हुए पौधों की करुण कहानी।

सुनिएगा? हरिश्चन्द्र ने भाषा और साहित्य को अलग करके देखा, और एक भाषा के लिए लड़ाई लड़ते हुए भी उन्होंने सम्पर्क में आने वाले सभी साहित्यों के खुले खज़ाने में जाकर लूट मचाने का न केवल उपदेश दिया बल्कि वे स्वयं इस डकैती में अगुवा बने। संस्कृत, बँगला, उर्दू, गुजराती और मराठी किसी को छोड़ा नहीं। सब साहित्यों से लिया और सबको अपनी भेंट भी दी। उनके साथी भी इस उदार दृष्टि को लेकर आगे बढ़े, पर हाय रे दुर्दैव, धीरे-धीरे हिन्दी और हिन्दी साहित्य को इस प्रकार यारों ने एक खूँटे में बाँधा

कि हिन्दी साहित्य सँकरी गली बन कर रह गया। चोरी तो लोग करते रहे, पर डकैती, वह भी खुली डकैती का साहस और आत्म-बल किसी में आगे आया नहीं। इसीलिए हिन्दी साहित्य में मिलने वाले विभिन्न स्रोतों के मार्ग रुक गये और वह खारी झील बनकर रह गया। लोग कहेंगे कि हरिश्चन्द्र और हरिश्चन्द्र मंडल तो प्रेम और विरह की डेंगी पर छिछली खेलता रहा, जीवन की गहराई में पैठने का उसने यत्न तक नहीं किया; हाँ, वे डूबे तो फिर ऊपर आने के लिए, नीचे बैठ जाने के लिए नहीं। उन्हें जीवन के व्यापक क्षेत्रों में स्वच्छन्द विहार करना था, गले में पाथर बाँधकर डूब नहीं मरना था। साथ ही उनमें दम्भ न था, सीधा सच्चा हृदय का भाव था, शहर के अन्देशे से दुबला रहने वाला काजीपन उनमें नहीं थी, वे देश की दुर्दशा में विकल होते तो अतीत की एक-एक स्मृति उन्हें दंश मारने लगती थी, भारत-भूमि का एक-एक कण उनके कानों में विलख उठता था। जब जनजीवन के उत्सव आते तो अपना सुख-दु:ख उसी के राग में डुबो देते थे, कजली-होली हो, दशहरा हो चाहे दिवाली हो, श्रीपंचमी हो, रक्षाबन्धन हो चाहे भैया दूज हो, कृष्ण जन्माष्टमी हो, चाहे रामनवमी हो उनका हृदय इन उत्सवों के साथ एकरूप हो उठता था। वे अपने स्वर इन जन-हृदय के वाद्यों से मिला कर रखते थे और अपने अलग ढपली रखने का शौक उन्हें नहीं चर्राता था। वे जब बाबूगिरी देखते या मूढ़ग्राहिता देखते तो उतने ही उन्मुक्त होकर हँस और हँसाने के लिए उतर पड़ते थे। उन्हें तब कोई आत्मसंकोच न होता, उनके मन में कोई चोर न होता कि उन्हें यह भी सफाई देने की जरूरत पड़ती कि :

> **'न सहसा चोर कह उठे मन में**
> **प्रकृतिवाद है स्खलन**
> **क्योंकि युग जनवादी है।'**

आज मैं सोचता हूँ, युग कितना आगे बढ़ गया है, हिन्दी भाषा कितना आगे जा चुकी है। जिस टुटपुँजिया खड़ी बोली को इन बनारसी फक्कड़ों ने विचित्रता की, सजीवता की दिव्य विभूति दी, वह नहा-धोकर फूलों की सेज पाकर भी क्या अब म्लान नहीं हो गयी है? क्या पूरबी का दिया हुआ लचीलापन सीकचों का बोझ पाकर टूट नहीं गया? क्या लक्षणा की वक्रता ने उसकी सरल चितवन नहीं हर ली? शील और विनय की शिक्षा से क्या

उसकी गतिशीलता समाप्त नहीं हो गयी है? तो फिर क्यों न कहूँ कि प्यारे हरिश्चन्द्र की कहानी भर रह गयी है। उनके सर्वग्राही प्रेम धर्म को उनके बाद दो-चार जनों ने समझा, प्रतापनारायण मिश्र, बालमुकुन्द गुप्त, माधव मिश्र, पूर्णसिंह और चन्द्रधर शर्मा गुलेरी ने। उन्होंने भाषा की सजीवता का मर्म समझा। उनकी भाषा उनके भावों के लिए निर्मल मुकुर का काम देती रही न कि एक सभ्य आवरण का। उनके भाव ऊँचे होते हुए भी इसलिए ऊँचे नहीं जान पड़ते थे कि वे पहुँच में आने वाले नहीं हैं और आज के अधिकांश साहित्यकारों के भावों को इसलिए ऊँचा मानना पड़ता है कि उनको समझने का न तो हमारे पास अवकाश है और न उत्कंठा ही। आज का साहित्यिक अपने इर्द-गिर्द का विश्लेषण करते-करते अपना रागद्वेष उसमें उड़ेल कर सब गड्डमगड्ड कर देता है, उसके चित्र पारदर्शक न होकर अपारदर्शक हो जाते हैं, जिसमें न तो उसके व्यक्तित्व का दर्शन मिल सकता है और न सामाजिक समस्या का ही। अपने अहंवाद के विस्तार के लोभ में वह लोक-परलोक दोनों खो बैठता है, नवीनता की उद्‌भावना में वह नीरस हो जाता है। मनोविकृतियों और मनोग्रन्थियों के चित्र उतारते-उतारते आज का कलाकार साहित्यिक स्वस्थता और सहजता एकदम गँवा बैठा है। लोग कहेंगे कि कैसे कलमुहे हो? कु-कु की कूक तब से लगा रहे हो। तुम अन्तर्मन वाली स्वप्निल चर्चाओं की चाहे निन्दा कर लो, कैसे प्रतिगामी हो कि उत्तान प्रगतिवादियों में भी तुम जीवन की साँस नहीं पाते। मैं तो कहूँगा कि आज का प्रगतिवादी भी अपनी धारण और मान्यता में चाहे जितना भी जनजीवन का ठेकेदार बने और उसमें जीवन की उष्णता की जितनी भी बातें करें, परन्तु व्यवहार में उनमें से अधिकांश तो उस खूँटे से बँधे हैं जो किसी दूर देश की छाती में गड़ा है, वे घूम फिर कर उस खूँटे से बाहर तुड़ा कर भाग नहीं सकते। इसीलिए उनके चित्र या तो अतिरंजित हो जाते हैं या अपरिचित, वे इस भूमि की धरती की लय के साथ बेमेल ही रह जाते हैं। मैं चौराहे पर खड़ा होकर देख रहा हूँ कि किस तरह गलत मोड़ पकड़कर हमारा साहित्य भूलभुलैया में पड़कर अवसन्न और क्लान्त हो गया है और किस प्रकार अभी अनिश्चय की चिन्ता इस समय भी ग्रस्त किये हुए है। राजमार्ग के लालच में और सवारी के आलस्य में इस समय हम फिर सीधा रास्ता न छोड़े, मानो इसीलिए यह हरिश्चन्द्र की

जन्मशती आयी है। अब से भी हम यदि सरसों के फूलों से अधपीली पगडंडियों पर उतर चलें तो जड़हन की ऊँची-ऊँची मेड़ों की फिसली में पैर टिकाते हुए और अमराइयों में छँहाते हुए हम भी साहित्य के शाश्वत रंगस्थल के हृदय तक पहुँच सकते हैं, और नवविहान को "अदीना: स्याम शरद: शतम्" की भैरवी दे सकते हैं।

आज का पाठक स्वस्थ साहित्य का और स्वस्थ भाषा का भूखा है। गरम मसालेदार उत्तेजक पदार्थों से अधिक चिड़चिड़ापन लाना उसे पसन्द नहीं, उसे छायावादी रस के सिरके की गन्ध बहुत तीखी लगती है, प्राकृतिक चिकित्सा की तरह शुद्ध नीतिवादी साहित्य उसे फीका लग रहा है और प्रगतिवादी कवाब बहुत गरम, उसे तो स्निग्ध और हृद्य नवनीत चाहिए, ताजा और सोंधा, जिसमें कुछ धवल जीवन का सार खिंच कर आ गया हो, अपनी तरलता और उष्णता लिये हुए। एलोपैथी के मिठ-कड़ुवे मिक्श्चर पीते-पीते स्वाद न जाने कितना बिगड़ गया है, इसे इस नवनीत का उपचार ही ठीक कर सकता है। वह नवनीत निम्नांकित पदों में मिलेगा :

मथे सद्य नवनीत लिये रोटी घृत बोरी।
तनिक सलोनो साक दूध की भरी कटोरी॥
खरी जसोदा मात जात बलि-बलि तृन तोरी।
तुम मुख निरखन हेत ललक उर किए करोरी॥
रोहिन आदिक सब पास ही खरी बिलोकत बदन तुव।
उठि मंगलमय दरसाव मुख मंगलमय सक करहु युव॥

करत रोर तमचोर चकवाक बिगोए।
आलस तजि के उठौ सुरत सुख सिंधु भिगोए॥
दरसन हित सब अली खरी आरती सँजोए।
जुगुल जागिए बेर भई पिय प्यारी सोए॥
मुखचन्द हमैं दरसाइ कैं हरौ विरह को दुख विकट।
बलिहारी उठौ दोउ अबै बीती निसि दिन भो प्रगट॥

सीखत कोउ न कला, उदर भरि जीवत केवल।
पसु समान सब अन्न खात पीअत गंगाजल॥

धन विदेश चलि जात तऊ जिय होत न चंचल।
जड़ समान ह्वै रहत अकिल हत चिर सकत कल॥
जीवत विदेस की वस्तु लै ता बिनु कछु नहिं करि सकत।
जागो जागो अब साँवरे सब कोउ रुख तुमरो तकत॥

....

नव मुकुलित पद्मपराग के बोझ।
भारवाही पौन चलिन सकत सोझ॥
छुअत शीतल सबै होत गात अति।
स्नेही के परस सम पवन प्रभात।
जागै नारी नर निज निज काम॥
पंछी चहचहा बोलै ललित ललाम॥

इस प्रभाती के लिए हरिश्चन्द्र को काफी मूल्य चुकाना पड़ा था, वह मूल्य देने के लिए आज कोई प्रस्तुत होगा और कोई यह कहने के लिए आगे आयेगा...

''खाक किया सब को तब यह अकसीर कमाया हमने।
सब को खोया यार अपने को पाया हमने।
काम रंज से रहा, चैन दम भर न कहीं पाया हमने।
दोनों जहाँ के ऐश को खाक में मिलाया हमने।''

क्या प्यारे हरिश्चन्द्र की कहानी से नयी जवानी सीख लेगी?

यदि ले तो इसी में भविष्य का मंगल निहित है। अधिक क्या कहूँ, समझदार के लिए यही बहुत है, और भारतेन्दु जन्मशती प्रात:समीकरण बनकर प्राणसंचार करे यही ह्दय की लालसा है।

—भारतेन्दु-शती, प्रयाग

10

धनवा पियर भइलें मनवा पियर भइलें

धान पियरा गया और 'धाना' (ग्राम-प्रेयसी) का मन भी पियरा गया है, धानी सारी अब उसे नहीं सुहाती। मघा में पछुआ की हहकाई ने माघ में घनघोर पाले की नोटिस भी दे दी है। मन पीला न हो तो क्या हो? 'धनिया' का 'बलमु' परदेस गया हुआ है, परदेसिया न बने तो रोटी-कपड़ा कहाँ से चले? दशहरे-दिवाली में गाँव में राम-लीला और भरत-मिलाप देखने वह इस वर्ष भी आयेगा कौन जाने सदा की भाँति इस साल भी धानी रंग की साड़ी लाने वाला हो, सो इसलिए जाँत के स्वर में अपना झीना स्वर डुबाते हुए भोर के बयार के द्वारा ग्राम-प्रेयसी सन्देश भेजती हैं—'ए राजा ले अइह धाना के सरिया न धानी, धनवा पियर भइलें मनवा पियर भइलें। अब जब धान ही पीला पड़ गया तो 'धाना' को धानी साड़ी कहाँ सुहाने लगी? उसका तन-मन-धन धान में मिलकर एकाकार हो गया है, वह दूर बसे प्रियतम के उठाह पर पानी फेर सकती है, पर अपने 'धानापन' से लगाव कैसे तोड़े? गीत लहरा रहा है, कुआर की ओस लदी बयार थर्रा रही है—'मनवा पियर भइलें'।

जाँत की चक्की की चुरुर-मुरुर से दूर कलजुगी देवताओं की हवाचक्की बोल रही है—यह आकाशवाणी है। भारत की खाद्य-स्थिति सुधर गयी है। 1952 तक भारत स्वावलम्बी हो जायगा। खाद्य-मोरचे पर हमारा अभियान सफल रहा...हाँ, जरूर सफल रहा, तभी तो सुबह-शाम सावन के नज़ारों के गीत सुनाये जा रहे हैं, पपीहे की पुकार गुंजायी जा रही है और 'बादल', 'बरसात', 'काली घटा' की लरज छायी जा रही है। आखिर आकाशवाणी को दुःख दैन्य से क्या लेना देना? आकाशवाणी देवता की वाणी है, देवता का शरीर ही है सुख-भोग के लिए, पीड़ा की रंगीनी के लिए तो है ही नहीं।

पर जाँत की चक्की हवा में चलती नहीं, वह तो जमीन पर चलती है, उसके राग में हवा का हलकापन नहीं, उसमें तो धरती का भारीपन है। धरती में जीने-मरने वाले पृथ्वी-पुत्रों की व्यथा के भार से वह चक्की दबी हुई है, उसकी कंठध्वनि उस व्यथा की कंठध्वनि है। वह कंठध्वनि धरती में ही खो जाने वालों की कंठध्वनि है, गगन में विहरण करने वालों की कंठध्वनि बनने का वह कभी दावा नहीं करती। वह कंठध्वनि धरती से पुरस्कार नहीं माँगती, निर्ममता के साथ वह अपना मिहनताना नहीं वसूलती और न अपने को फैलाने और विश्व को कँपाने का दम भरती है। वह सूखती धरती को स्वर-सिंचन देती है, सोयी मिट्टी को साँस देती है और खोयी आत्मा को ध्वनि की राह देती है। आकाशवाणी की पहुँच पंचायत विभाग के बावजूद भी शहर वाली पान की दुकान से आगे नहीं हो सकी, पर इस चक्की की ध्वनि कण कण में समायी हुई है। उसमें चहक न हो, पर जनसमूह के अन्तर्मन की लहक तो है ही, नहीं तो भोजपुरी देहात की वेदना कलकतिया दरबान या झरिया के कोयला-कुली या मोरंग के आराकश या बम्बइया भइया के हृदय में एक साथ कैसे गूँजती? मीलों का अन्तर होते हुए भी धान की 'पियरई' उनकी आँखों में कैसे छा पाती? धान की 'पियरई' उनके लिए कुछ अर्थ रखती है। उसकी पहली माँग है, शहर की महँगी में पेट काट कर कुछ अधिक पैसे जुटाने का दमतोड़ परिश्रम। उस परिश्रम का मतलब है मौत को नेवता देना।...

मौन? मौत तो बुरी चीज़ नहीं है। जनसंख्या की बेथाम्ह बढ़ती पर रोक ही न लगेगी, इन घने बसे जनपदों में चार मुँह खाने वाले और कम होंगे। हाँ, पर ये चार मुँह खाने वाले ही नहीं ये अपने पंचगुने मुँहों को खिलाने वाले भी हैं। उनकी मौत का अर्थ इन जनपदों का उजड़ना है। मन्त्री लोग कहेंगे स्थिति इतनी भयावह नहीं है, यह तो केवल जमींदारी के उन्मूलन तक रहेगी, उसके बाद सुराज आ जाएगा। आखिर मनु ने जो लिखा था 'महतो देवता ह्येषा नररूपेण तिष्ठति' यह मनुष्य के रूप में बहुत बड़े देवता हैं वह इन मन्त्रियों के लिए ही तो। उस देवता का अपमान मामूली पाप है? उसे पाद्य, अर्घ्य और आचमनीय न देकर गँवई के डीह-डाबर पर बेला-कुबेला गीले गातों का दूध चढ़ाना उसका घोर अपमान है। देवता कभी अपने विद्रोही को क्षमा करता है?

सो भी ऐसे विद्रोही को जिसके जीवन का युगों-युगों से विद्रोह ही महामन्त्र रहा है।

सो देवता की दृष्टि भी इन पूर्वी जनपदों से (गोरखपुर, देवरिया, आजमगढ़, गाजीपुर, बलिया, बस्ती) फिर गयी है। देवता इधर आते भी कम हैं, पर हाँ एक बात है, ये देवता अमर नहीं हैं, ये तो पनसाला हैं हर पाँच साल के बाद इनकी फेरी बदलती रहती है, इसलिए दूसरी फेरी में फिर घुसने के लिए शायद अब राजगद्दी से उतर कर इधर भी रीझने-रिझाने आयेंगे। किन्तु फूल-अक्षत उन्हें नहीं मिलेगा। फूल मुरझा गये हैं, अक्षत क्षत-विक्षत हो उठा है, धान में बाली ही नहीं आने वाली है, वहाँ से धान नहीं निकलेगा और उस धान में से कूटकर चावल तो और भी नहीं! उन्हें मिलेगा अपनी उपेक्षा में विहँसने वाला गान—'ले आइह धाना के सरिया न धानी, (अपनी धन्या के लिए धानी साड़ी न लाना) जनरागिनी की यह आत्म-उपेक्षा इसलिए इतनी तीव्र है कि उसके आस-पास का 'पर' दुःखी है। अपने सुख से जग का सुख मापने वाली प्रतिभा इस जनरागिनी को मिली ही नहीं, यह उसका बहुत बड़ा दुर्भाग्य है। किसी ने कहा है 'आगम का अज्ञान ईश का परम अनुग्रह' सो 'ईश के इस परम अनुग्रह' से इन हत भागे जनपदों को अन्तर्वाणी वंचित है, लुभावनी आत्मवंचना की प्रसादी उसे कभी मिली नहीं, इसीलिए 'स्वर्णधूलि' का स्वप्न भी वह नहीं देख पाती, वह तो बस 'आगम' के अँधेरे की चिन्ता में डूबती चली जा रही है।...'मनवा पियर भइलें।'

मन पीला हो गया है, कदम्ब की डाल में कजली की तान नहीं उमड़ी, कहीं इसलिए तो नहीं पीला हुआ है। कजली की तान का क्या दोष, उसे उमड़ाने वाले कजरारे बादल तो इन्द्रपुरी में गोरे गात वाली अप्सराओं के नृत्य देखने के लिए अटके रहे, उन्हें काली कजली की सुधि खो गयी। घनश्याम की सुधि लिये भादों की कृष्णाष्टमी तो आयी, पर अपनी अवधि पर आने वाले श्याम घन नहीं आये। घनश्याम से श्यामघन का जब नाता ही टूट गया, तब भला घनश्याम की दुलारी कजली भवानी ही क्यों उमगने लगीं। कजली की 'हरी हरी' तान नहीं मिली, इससे मन की हरियाली को पियराते ही बना। बादल ऐसे दग़ाबाज़ कि इन्द्र की बधूटियों को भी सरसाना उन्हें भूल गया। इन्द्र-बधूटियों की लाली भी नहीं छा पायी, ग्राम-बधूटियों ने हाथ-पाँव में

इसी समवेदना में मेंहदी की लाली नहीं रची, क्योंकि दोनों ही तो 'बीर बहूटियाँ' हैं, एक दूसरे से इतना भी स्नेह न हो। हाँ, दोनों के 'बीर' एक दूसरे से विलग चाहे हों। वे विलग हैं भी। उनके 'बीर' रमते ही हैं, खटते नहीं, पर इनके बीर खटते हैं, तब कहीं एकाध पल रम भी लेते हैं। उनके 'बीर' को उनकी व्यथा की परवाह न होगी, पर इनके 'बीर' इनकी व्यथा के दहकते अक्षर दूर से पढ़कर सुलगते होंगे। उस सुलगाव की आशंका में इनका जितना मन पीला पड़ गया है, अपने दुःख में उतना नहीं।

असाढ़ में पहला डौंगरा बड़ी आशा ले के आया, सावन में धूल उड़ने लगी और भादों आये, उसके पहले ही कुआर आ गया, सूना अनन्त आकाश लिये हुए और उजले बादलों की छितरान लिये हुए। अलका की ओर जाते हुए मेघ के दर्शन हुए पर वहाँ से उनके लौटानी दर्शन नहीं मिले, जाने कहाँ विलम गये, किस घाटी में अटक गये? इसका पता-थाह लेने भी कौन जाय, आसमानी लोगों का सदा से यही रवैया रहा है। वे पृथ्वी से कर उगाहते हैं पर कौन उनसे पूछने जाय कि उतनी ही मात्रा में अपना अनुग्रह भी वे बरसाते हैं? समता और न्याय से भी उनको कुछ लेना-देना हो तो वे अपनी दायित्व समझें, वे तो बस किसी से छीन कर किसी दूसरे को देना जानते हैं, अपने आदान में सर्वग्राही बन जाते हैं, पर अपने दान में मनचाही छूट चाहते हैं। यही उनका बड़प्पन है। 'मधुकर सरिस सन्त गुन गहहीं' वे रस तो सब जगह से ले लेते हैं, पर देते उसी को हैं, जो उनकी दृष्टि में उसका पात्र है। मधुकर की भी तो जाति आसमानी है। कभी-कभी वे नीर-क्षीर विवेक में हंस भी बन जाते हैं, ऊँचे मानसरोवर में पैरते हुए वे सृष्टि-रचयिता के वाहन बनकर ऊँची-ऊँची बात भी करने लगते हैं। वे नीर नहीं छूते, बस क्षीर पीते हैं,—क्षीर जो रक्त का ही एक रूपान्तर है—क्षीर न मिले तो क्षीर जिससे बनता है, उसे भी पी लेते हैं,-पर नीर नहीं लेते। आखिर पानी से परहेज न करें तो उनका पानी न चला जाय?

हंस पानी छोड़ देता है, उच्चवर्गीय साहित्यकार भी नीरस पानी साधारण लोगों के लिए छोड़ देता है, सरोवर के कमलों पर जीने वाला हंस इतनी दया तो दिखाता ही है। परन्तु आकाश के मेघ, और धरती के 'परजन्य' जनता के शासक तो धरती का पानी उगाह कर, धरती का रक्त उगाह कर, धरती का रस

उगाह कर, धरती का मधु उगाह कर और धरती का दूध उगाह कर पानी की एक बूँद भी नहीं देना चाहते। वे अपना संचित सम्भार निभृत कोनों में चोरी-चोरी लुटाते रहते हैं। इसी में उनकी 'परजन्यता' सिद्ध होती है। धान पियराये या मन पियराये, इससे उनके ऊपर कोई असर नहीं पड़ता। उनके आस-पास मोर नाचते रहते हैं, वे उसी में आत्मविभोर रहते हैं, उन्हें कुररी का विलाप सुनायी नहीं पड़ता।

पर कृषिकुररी विलख रही है और शेषशायी की चौमासी नींद उस क्रन्दन से भंग होके रहेगी। धान पीला पड़ेगा तो धान के मन में बसे हुए कृषि देवता का भी हरित मन पीला पड़ेगा। उस विराट् मन की विराट् पीतिमा कुछ रंग लाके रहेगी।

—मार्गशीर्ष 2007, देवरिया

11

'सखा धर्ममय अस रथ जाके'

गुर्वर्थे त्यक्तराज्यो व्यचरदनुवनं पद्मपद्भ्यां प्रियाया:
पाणिस्पर्शक्षमाभ्या मृजितपथरुजो यो हरीन्द्रानुजाभ्याम्।
वैरूप्याच्छूर्पणख्या: प्रियविरहरुषा रोपितभ्रूविजृम्भत्
त्रस्ताब्धिर्बद्धसेतु: खलदवदहन: कौशलेन्द्रोवतान्न:।

आज लोकरंजन राम की मंगलमयी विजय-दशमी है; उस मर्यादा-पुरुषोत्तम की, जिसने अपने 'स्नेह दयां च सौख्यं चय दिवा जानकीमपि' की बलि देकर ऐसे रामराज्य को प्रतिष्ठापित किया कि उस आदर्श को आज के जनतंत्र भी छूने को लालायित हैं। उस राम के जीवन के अनेक पक्ष हैं और आदिकवि से लेकर अनेकानेक कवियों की दृष्टि इनमें से एक दो पर ही रम कर कृतकृत्य होती रही है। समग्र दर्शन की क्षमता आयी केवल तुलसी में, और वे भी कुछ 'अनकहा' छोड़ गये। इस 'अनकहेपनं' का भी एक विलक्षण सौन्दर्य है। इसी सौन्दर्य के कारण भारतीय जनजीवन निरन्तर इस लोकरंजन रामचरित की ओर अनायास खिंचता आया है, न जाने कितनी राजशक्तियाँ आयीं और गयीं पर विजयोत्सव यदि धूम-धाम से मनाया जाता है तो राम का, केवल राम का। क्यों?

सेल्यूकस के ऊपर चन्द्रगुप्त के भी विजयी होने की कोई तिथि रही होगी। अशोक के कलिंग विजय का भी कोई निश्चित दिन रहा होगा। अश्वमेध पराक्रम समुद्रगुप्त के दिग्विजय की पूर्णाहुति भी कोई मुहूर्त शोध कर की गयी होगी और स्कन्दगुप्त की वाह्लीक-विजय की भी एक पुण्य-वेला रही होगी, पर आज इतिहास के गह्वर में इनका उल्लास डूब चुका है। और राम के विजय का सन्देश दूर हिन्दचीन, कम्बोज, यवद्वीप, बाली, सुमात्रा और मलय तक पहुँच चुका है और जनजीवन की पवित्रतम आराधना का

विषय बन चुका है। क्यों? इसका उत्तर यही है कि राम राजा हैं केवल रंजना के उद्देश्य से, नहीं तो उनके और प्रजा के बीच में कोई दीवार नहीं, कोई रेखा नहीं। वे केवल मनुष्य-जीवन के साथ ही नहीं, बल्कि प्रकृति-जीवन के साथ भी सर्वदा समरस रहने वाले सहज राम हैं, वे कालिदास के शब्दों में लोक के पिता और पुत्र एक साथ हैं। उनका व्यक्तिगत जीवन सामाजिक जीवन का साधनमात्र है। इसलिए उनका व्यक्तित्व लोक-जीवन के प्रत्येक परमाणु में बस गया है, उसे कोई शक्ति अलग नहीं कर सकती। साथ ही राम उस लोकजीवन के अन्तर्मर्म हैं, राम उसके बहिरावरण नहीं, उसके अस्थि-चर्म नहीं, उसके मन के विकार नहीं, उसके चित्त के क्षोभ और मोह नहीं, वे उसकी सत्त्वोदित आत्मा है। वे लोकशिव के आराधक ही नहीं, उसके आराध्य भी हैं। 'शिवदोही मम दास कहावा' का अभिप्राय ही यही है भगवद्भक्ति के नाम पर और आत्मज्ञान के नाम पर लोक-कल्याण की उपेक्षा नहीं की जा सकती। दूसरे शब्दों में—

कर्मणैव हि संसिद्धिमास्थिता जनकादया
लोकसंग्रहमेवापि सम्पश्यन् कर्त्तुमर्हसि॥
यद्यदाचरति श्रेष्ठस्तत्तदेवेत्तरो जना।
स यत्प्रमाणं कुरुते लोकस्तदनुवर्त्तते॥
न बुद्धिभेदं जनयेदज्ञानां कर्मसंगिनाम्
जोषयेत्सर्वकर्माणि विद्वान्युक्तः समाचरन्।

(जनक आदि ने कर्म के द्वारा ही संसिद्धि पायी है, इसलिए लोकसंग्रह को देखते हुए कर्म करते रहो। बड़े लोग जैसा आचरण करते हैं, वैसा ही देखा-देखी दूसरे भी करने लगते हैं। इसलिए कर्म में सने अबोध लोगों में बुद्धिभेद न उपजा कर विद्वान् को सभी कार्यों को मनोयोगपूर्वक करना चाहिए।)

इसी लोक-संग्रह की परम्परा वैवस्वत मनु और उनके पुत्र इक्ष्वाकु ने चलायी थी और इसका चरम उत्कर्ष हुआ है राम में। सम्भवतः कालक्रम से यह कर्मयोग परम्परा नष्ट हो गयी और तब भगवान् श्रीकृष्ण को गीता में कहना पड़ा—

एवं परम्पराप्राप्तमिमं राजर्षयो विदुः।
स कालेनेह महता योगो नष्टः परन्तप॥

(इस प्रकार परम्परा के द्वारा राजर्षियों को इस कर्मयोग का ज्ञान होता रहा है, बहुत दिनों से यह योग-परम्परा टूट जाने के कारण लुप्तप्राय हो गयी है)।

राम न केवल इस कर्मयोग के ज्वलन्त आदर्श हैं, बल्कि साथ ही वे अपने स्निग्ध और मधुर स्वभाव से इस कर्मयोग को एक ऐसी शीतल सुरभि प्रदान कर सके हैं कि जिससे यह कण्टकाकीर्ण पथ न केवल सुगम बल्कि प्रीतिकर भी लगने लगा है। राम-चरित के इसी पक्ष का आगे चलकर दिग्दर्शन किया जायेगा।

राम के विजय का मर्म भी उनका यही मंगल-रूप है। राम-रावण-युद्ध के समय विभूतिवादी विभीषण को यह भय हुआ—

रावन रथी विरथ रघुबीरा।
देखि विभीषण भयउ अधीरा॥

और उन्होंने यह संशय प्रभु के सामने रख ही तो दिया और अब राम के ही मुख से उत्तर सुनिए—

सुनहु सखा कह कृपा निधाना।
जोहि जय होइ सो स्यन्दन आना॥
सौरज धीरज जेहि रथ चाका।
सत्यशील दृढ़ ध्वजा पताका॥
बल विवेक दम परहित घोरे।
छमा कृपा समता रजु जोरे॥
ईश भजन सारथी सुजाना।
बिरति चर्म संतोष कृपाना॥
दान परशु बुधि शक्ति प्रचंडा।
वर विज्ञान कठिन कोदण्डा॥
संजम नियम सिलीमुख नाना।
अमल अचल मन त्रोन समाना।

कवच अभेद बिप्र पदपूजा॥
यहि सम विजय उपाय न दूजा॥
सखा धर्ममय अस रथ जाके।
जीत न सकहिं कतहुँ रिपु ताके।

इस धर्ममय रथ की व्याख्या को पढ़ने के पश्चात् लवमात्र भी सन्देह के लिए कोई अवसर नहीं रह जाता है। राम की वानर-भालुओं की सेना तो उपचार-मात्र हैं, उनकी ओर मानव-मन की समस्त शक्ति लगी हुई है। रावण की सोने की लंका को भस्म करने में हनुमान् निमित्त-मात्र रहे हैं, अत्याचारों से प्रतीड़ित जनता की अनल दृष्टि ही मुख्य कारण रही है। राम प्रतीड़ित जनता के उत्तप्त मन की समस्त शक्तियों को जागरूक करके ही नहीं रह जाते, वे उस तप्त तरल द्रव को अमृत की शीतलता और स्थिरता प्रदान करते हैं। महाकवि कालिदास ने राम की इस क्षमता को अपनी लोक-विचक्षणता की दृष्टि से देखा था और तब उन्होंने उद्घोषणा की थी—

तेनार्थवाल्लोभपराङ्मुखेन
तेन घ्नता विघ्नभयं क्रियावान्
तेनास लोकः पितृमान् विनेत्र
तेवैन शोकापनुदेन पुत्री॥

लोभपराङ्मुख राम को पाकर जनता अर्थवती हुई, समृद्ध हुई। विघ्न-विनाशन राम को पाकर जनता क्रियावती हुई, अध्यवसायी हुई। शासक और विनेता राम को पाकर जनता पितृवती हुई, सनाथ हुई। और शोकहारी राम को पाकर जनता पुत्रवती हुई। राम नेता नहीं विनेता हैं, वे अन्धानुयायी जनसमूह को भेड़ों की तरह नहीं ले जाते, वे विनय और अनुशासन के सौष्ठव के साथ उसे उन्नति-पथ पर अग्रसर करते हैं।

तुलसीदस ने राम की इस क्षमता को अपनी दृष्टि से देखा और उनके राम को विनेतृत्व करने की भी आवश्यकता नहीं रही, राम की उपस्थिति मात्र मंगलदायिनी हो गयी और मानवों की बात ही क्या,

करि केहरि कपि कोल कुरंगा।
विगत बैर बिहरहिं सब संगा॥

फिरत अहेर रामछबि देखी॥
होंहि मुदित मृग-वृन्द विखेखी॥
विबुध विपिन जँहलगि जगमाहीं।
देखि राम बन सकल सिहाहीं॥

समस्त चराचर जगत् को राम की उपस्थिति मात्र से ऐसी शीतलता और तृप्ति मिलने लगी कि राम के वैरी भी राम के शौर्य से न डर कर उनके शील और सौन्दर्य से सिहाने लगे। महामोहग्रस्त कुम्भकर्ण भी 'मरती बार मोह सब त्यागा' की स्थिति प्राप्त कर सका है, यह तुलसी की लोकपावन दृष्टि की विशालता के कारण।

राम के इस शील-सौन्दर्य के भी दो स्रोत हैं, जो स्वयं सूख कर राम को पल्लवित करने में ही अपने को जीवन भर सार्थक समझते रहे, वे हैं कौशल्या और सीता। कौशल्या का व्यापक मातृहृदय अपने सुख की हत्या करके यह कहने को भी तैयार हो जाता है 'पितु आयसु सब धरम क टीका'; यही नहीं वह अपने मातृत्व का एकान्त अधिकार भी कैकेयी को सौंप देता है। कौशल्या के हृदय की इस महानता ने राम को महान् बनाने में उपादान का कार्य किया है, इसमें तनिक भी सन्देह नहीं। और सीता, सीता की तपस्या, सीता की कष्ट-साधना और सीता का करुण आत्मत्याग जिस अग्नि-शिखा की ज्योति इस देश में उकसा गये हैं, वह कभी बुझ नहीं सकती। राम का समस्त प्रतापानल इस अग्नि-शिखा की ज्योति के सामने मन्द पड़ जाता है। जी ललच उठता है इस बरवै को बार-बार दुहराने के लिए—

गरब करहु रघुनन्दन जनि मन माँह।
देखहु आपनि मूरति सिय के छाँह॥

सीता की इस ज्वाला का ताप वाल्मीकि ने और भवभूति ने दिया है। तुलसीदास इस ताप की आँच सह नहीं सके, वे केवल अपने राम से इतना ही कहला के चुप रह गये कि—

प्रेम तत्त्व कर मम अरु तोरा।
जानत प्रिया एक मन मोरा॥
सो मन रहहिं सदा तुव पाहीं।
जानि प्रीतिरस एतनेहि माहीं।

कालिदास तो अपनी शकुन्तला इरावती और उर्वशी में जीवन भर रमने वाले, सुरभारती के श्रृंगार, इस करुणा को परखने में असफल ही रहे, और निस्सन्देह धीरोदात्त नायक दुष्यन्त के मुख से यह कहलवाना कि—

'नखलु परिभोक्तुंनेव शक्नोमि हातुम्'

(न छोड़ने को जी चाहता है, न भोगने का साहस होता है) उनकी प्रतिभा के लिए उतनी बड़ी भूल की बात नहीं, जितनी कि यह कह देने का साहस करना कि—

'अपि स्वदेहात्किमुतेन्द्रियार्थाद्यशोधनानां हि यशोगरीयः'

(विषयों की बात क्या कहें अपनी देह, से भी यशोधनों को यश ही अधिक श्रेष्ठ लगता है) यह कहकर यशोधन कालिदास ने अपने यश को कलंकित कर दिया। वे सीता को राम की देह से भी निकृष्ट इन्द्रियार्थ, विषय-भोग की वस्तुमात्र समझ कर रह गये। यह कालिदास का सबसे बड़ा अक्षम्य अपराध है। कुमारसम्भव का अष्टम सर्ग तो इसके आगे सर्वथा क्षम्य है। सम्भवत: भारतीय नारी के अपकर्ष का सूत्रपात भी इसी आदर्श-पतन के कारण हुआ है, जिसकी प्रतिच्छाया कालिदास की इस उक्ति में मिलती है। भवभूति ने इसका परिमार्जन करने का भरपूर उद्योग किया यहाँ तक कि स्थतप्रज्ञ जनक को भी उन्होंने मन्युवेग से विचलित कराके छोड़ा और राम की लोकरंजक आत्म-वंचना का उद्घाटन कराते समय पत्थरों को भी उन्होंने रुलाया। यहाँ तक कि भवभूति के राम लोक की दृष्टि में भी सीता के राम होकर रहे। तुलसीदास जगज्जननी सीता की इस करुणा को सँभाल नहीं सकते थे, इसीलिए उन्होंने सीता और राम के भी प्रेम की विवृति नहीं की। हाँ, उन्होंने कुछ भरत ऐसे उदात्त चरित्रों का निर्माण अवश्य किया जिनके अगाध प्रेम-सागर से राम की अथाह प्रीति का कुछ अनुमान लगाया जा सके। राम को उन्होंने अपने मानस में इसी दृष्टि से विवक्षित ही रखा।

सम्भवत: राम का वैयक्तिक जीवन अभी तक पूर्णतया अंकित ही नहीं हुआ है। उनके वैयक्तिक सम्बन्धों का चित्र भले ही उतारा गया हो, पर उन सम्बन्धों के प्रतिक्षेप उनके मन पर कैसे-कैसे पड़े, इसका अंकन नहीं किया जा सका है। ठीक उसी प्रकार जिस प्रकार भगवान् कृष्ण के सामाजिक जीवन का। इसीलिए आज यह अत्यन्त विडम्बना के साथ लोक में सुनने को मिलता है

कि राम से बढ़कर कोई कस्साई नहीं हुआ और कृष्ण से बढ़कर कोई कामुक नहीं। बिल्कुल दूसरी बात है। एकपत्नीव्रत का मनसा-वाचा-कर्मणा आचरण करने वाले एकमात्र आदर्श पुरुष यदि कोई हैं तो राम और उन्हें पत्नी के प्रति कठोर बतलाने से बढ़कर सम्भवत: कोई अन्याय हो ही नहीं सकता। जिस जानकी को उन्होंने अपने स्नेह, दया और सौख्य से ऊपर समझा, उस सीता का परित्याग करके ही वे कस्साई हो गये, यह कैसी बेतुकी-सी बात है। लोग सम्भवत: यह भूल जाते हैं कि सीता का परित्याग लोक के लिए उतना नहीं, जितना स्वयं सीता के लिए, क्योंकि यदि सीता का परित्याग करके सीता की निष्पापता को राम ने प्रखर न बनाया होता, तो लोक-सम्मति के मुखर प्रतीक रजक के पुत्र-पौत्रों की गिनती इतनी बढ़ी होती कि कुछ कल्पना भी नहीं की जा सकती। अपने और अपने से भी बढ़कर सीता के सुख की बलि देकर राम ने दुर्मुखी लोक-सम्मति के साथ ऐसा प्रतिशोध लिया कि छिद्रान्वेषी जनों का सर्वदा के लिए मुख बन्द हो गया, मानों सीता के चरित्र के सम्बन्ध में छिद्रान्वेषण का बीज ही उन्होंने नष्ट कर दिया। राम की रावण के ऊपर विजय उतनी महत्त्वपूर्ण नहीं है जितनी राम की प्रजा के मनोविज्ञान के ऊपर यह विजय। राम का वैयक्तिक जीवन अपनी प्राण-सहचरी के प्रति इस गम्भीर-स्नेह-भावना से सर्वथा परिप्लावित है और वे सामाजिक समरसता के प्रतीक तो चाहें बाद में बनें, वैयक्तिक समरसता के तो वे मूर्तिमान् उदाहरण हैं। सम्भवत: लोक से अधिक वे व्यक्ति में ही सफल हुए हैं जब कि भगवान् श्रीकृष्ण का व्यक्तिगत सम्बन्ध किसी से है ही नहीं, जिनकी इन्द्रियों को शतसहस्र रमणियों का कुहक विमथित नहीं कर सका था, (यस्येन्द्रियं विमथित कुहकैर्न शेकु:) जिन्हें पुत्र-पौत्रादि का सुख एक क्षण भी खींच नहीं सका, जिन्हें स्वजनों का विनाश भी लोकहित के लिए अभीष्ट हो गया था और जिन्हें जीवन भर विराट् विरक्ति बनी रही अपनी व्यक्ति के प्रति। पर हाय री विडम्बने, वे कृष्ण प्रेम के आराध्य देवत हो गये, वे जादूवाले कन्हैया हो गये और कामुकता के लिए एक सुलभ आलम्बन। सचमुच भवभूति की बात मान लेनी पड़ती है कि—

वज्रादपि कठोराणि मृदूनि कुसुमादपि।
लोकोत्तराणां चेतांसि कोनु विज्ञातुमहति॥

इन लोकोत्तर चरितों के बारे में भ्रान्ति स्वाभाविक ही है।

अन्त में, संक्षेप में यह कह देना आवश्यक है कि राम की लोकप्रियता का श्रेय लोक-रंजन को आज तक भले ही दिया जाता रहा हो, पर मेरी दृष्टि में यह श्रेय उनकी व्यक्ति की पूर्णतया को अधिक देना चाहिए। राम लोक-हृदय पर विजयी हुए हैं इसलिए कि वे अपने ऊपर विजयी हैं, कृष्ण अपने ऊपर विजयी आपाततः हैं, इसे उन्होंने साधन बनाया है अपने लोक-विजय के लिए। दोनों के महान् चरित्रों का यही विश्लेषण है और दोनों के आदर्श पृथक्-पृथक् क्षेत्रों में हैं, इसे एक दूसरे के साथ मिलाना नहीं चाहिए।

—विजयी दशमी 2008, प्रयाग

12

दिया टिमटिमा रहा है

लोग कहेंगे कि दीवाली के दिन कुछ अधिक मात्रा में चढ़ाली है, नहीं तो जगर-मगर चारों ओर बिजली की ज्योति जगमगा रही है और इसको यही सूझता है कि दिया, वह भी दिये नहीं, दिया टिमटिमा रहा है, पर सूक्ष्म दृष्टि का जन्मजात रोग जिसे मिला हो वह जितना देखेगा, उतना ही तो कहेगा। मैं गवई-देहात का आदमी रात को दिन करनेवाली नागरिक प्रतिभा का चमत्कार क्या समझूँ? मैं जानता हूँ, अमा के सूचीभेद्य अन्धकार से घिरे हुए देहात की बात, मैं जानता हूँ, अमा के सर्वग्रासी मुख में जाने से इनकार करने वाले दिये की बात, मैं जानता हूँ बाती के बल पर स्नेह को चुनौती देनेवाले दिये की बात और जानता हूँ इस टिमटिमाते हुए दिये में भारत की प्राण ज्योति के आलोक की बात। दिया टिमटिमा रहा है! स्नेह नहीं, स्नेह तलछट भर रही है और बाती न जाने किस जमाने का तेल सोखे हुए है कि बलती चली जा रही है, अभी तक बुझ नहीं पायी। सामने प्रगाढ़ अन्धकार, भयावनी निस्तब्धता और न जाने कैसी-कैसी आशंकायें! पर इन सब को नगण्य करता हुआ दिया टिमटिमा रहा है...

सुनना चाहेंगे इस दिये का इतिहास? तो पहले रोमक इतिहासकार प्लिनी का रुदन सुनिये। भारतवर्ष में सिमिट कर भरती हुई स्वर्ण-राशि को देखकर बेचारा रो पड़ा था कि भारत में रोमक विलासियों के कारण सारा स्वर्ण खिंचा जा रहा है, कोई रोक-थाम नहीं। उस दिन भी भारत में श्रेष्ठी थे और थे श्रेष्ठिचत्वर, श्रेष्ठि-सार्थवाह और बड़े-बड़े जलपोत, बड़ी-बड़ी नौकायें और उनको आलोकित करते थे बड़े-बड़े दीपस्तंभ। स्कन्दगुप्त का सिक्का 146 ग्रेन का था, कब? जबकि भारतवर्ष की समस्त शक्ति एक बर्बर बाढ़ को रोकने में और सोखने में लगी हुई थी। 146 ग्रेन का अर्थ कुछ होता है...आज के दिये

को टिमटिमाने का बल अगर मिला है तो उस जल-विहारिणी महालक्ष्मी के आलोक की स्मृति से ही, और भारत की महालक्ष्मी का स्रोत अक्षय है, इसमें भी संदेह नहीं। बख्तियार खिलजी का लोभ, गजनी की तृष्णा, नादिरशाह की बुभुक्षा और अंग्रेज पंसारियों की महामाया के उदर भरकर भी उसका स्रोत सूखा नहीं, उद्यपि उसमें अब बाहर से कुछ आता नहीं, खर्च-खर्च भर रह गया है। हाँ, सूखा नहीं, पर अन्तर्लीन अवश्य हो गया है और उसे ऊपर लाने के लिए कागदी आवाहन से काम न चलेगा। कागदी आवाहन से कागदों के पुलिन्दे आते हैं, सोने की महालक्ष्मी नहीं। आज जो दिया अपना समस्त स्नेह संचित करके यथा-तथा भारतीय कृषक के तन के वस्त्र को बाती बनाकर टिमटिमा रहा है, वह इसी आशा से कि अब भी महालक्ष्मी रीझ जायँ, मन जायँ। उसका आवाहन कागदी नहीं, कागद से उसकी देखा-देखी भी नहीं, जान-पहिचान नहीं, भाईचारा नहीं; उसका आवाहन अपने समस्त हृदय से है, प्राण से है और अन्तरात्मा से है। इस मिट्टी के दिये की टिमटिमाहट में वह शीतल ज्वाला है, जो धरती के अन्धकार को पीकर रहेगी और बिजली के लट्टुओं पर कीट-पतंग जान दें या न दें, यह शीतल ज्वाला समस्त कीट-पतंगों की आहुति ले के रहेगी। चलिए, केवल शहर के अन्देशे से दुबले न बनिए, तनिक देहात की भी सुधि लीजिए।

आज देहात में क्या है और क्या नहीं है, यह बता दूँ? देहात में है वयस्क मताधिकार के अनुसार चुनी गयी गाँव-सभायें और न्याय-पंचायतें, जिनमें बकरी और मुर्गी तक पर कर लगाया जा चुका है और 'सरवा ससुरा' कहने पर भी अन्तिम अर्थ-दण्ड, पर वसूली इनकी कुल दस प्रतिशत हुई है, अधिक नहीं। देहात में हैं, बिखरे हुए सफेदपोश, जिसके कारण हाट में सागभाजी भी वही ला पाते हैं, जिनका पेटा बड़ा है, टुटपुँजिहे लोग साग-भाजी भी बेचकर अपनी गुजर नहीं कर सकते हैं। देहात में है, झिनकू साह की फूलती-फलती हुई बिरादरी जिनकी बाँस की पेटी तक मोटे-मोटे भुजायठों से, हँसुलियों से और कंठहारों से लेकर हलकी नकबेसर, लौंग कनफूल, बेंदी और झूमर से ठसाठस भर गयी हैं और मैली पैबन्दी लगी हुई चौबन्दी को बिदाई मिल गयी है, उसके स्थान पर बँगला कुर्ते ने अपना आलोक दिखाया है। देहात में आपको नहीं मिलेगी हँसती-खेलती जवानी,

क्योंकि धरती की लक्ष्मी रूठ गयी है, और अब पेट आधा-तीहा भरने के लिए उसे मलेरिया के विलास-काननों में जाकर आराकसी करना पड़ता है, या कचरापाड़ा तथा जमशेदपुर की भट्ठियों में तपना पड़ता है। देहात में आज आपको नहीं मिलेगी अलाव की अलमस्त चर्चा और अलाव के आलोक में उज्ज्वल मुखाभा, वहां आगम का अन्धेरा है, गहरी निराशा है और अत्यन्त क्षीण साहस। जहाँ एक ओर आनेवाले आम चुनाव के लिए अभी से देश के हितैषियों में सीटों की बंदरबाँट की धूम मची हुई है और अखबारों में सिद्धान्तों की धमाचौकड़ी भी, वहाँ जिनके लिए यह सब कुछ हो रहा है, जिनके नाम पर यह सब कुछ किया जा रहा है, वे अकाल की छाया में घिरते चले जा रहे हैं बेहोशी और बेकसी के साथ।

चलिएगा इस देहात में? वहाँ इस समय दूध की धार नहीं मिलेगी, पेड़ की पत्ती से बना हुआ तरल-सा रक्त मिलेगा, कुछ सफेदी लिये हुए! वहाँ 'सजाव दही' परोसने वाले 'बाँके नैन' नहीं मिलेंगे, वहाँ मिलेंगे छाछ के लिए तरसनेवाले, छीना-झपटी करनेवाले मुरझाते हुए दूध के दाँत। भारतवर्ष में हथिया खाली हाथ आयी है और खाली हाथ गयी है, इसका परिणाम बैठे-बैठे आप नहीं समझ सकते, वहाँ चलकर देखिए कि कातिक आ गया, अभी डीभी उचम्हती नहीं नज़र आती, अगहनी में भैंसों की दावन पड़ी है, उस अगहनी में आदमी की हँसिया नहीं लग सकती। बाजरा ईंधन की समस्या शायद हल कर दे पर उदर की समस्या हल करने से वह भी इन्कार कर रहा है। वहाँ गऊचोरी का सुसंगठित व्यवसाय करनेवाले भी आज दिन प्रसन्न नहीं, क्योंकि आज कोई अपने बैल को किसी भी दाम पर चोर के यहाँ से वापिस लाने के लिए उत्कंठित ही नहीं है, क्योंकि भूसा चुक गया है, आगे कोई आशा नहीं, खरीफ की फसल बाढ़ में गयी, बची-खुची सूखा में गयी, रबी जनमते ही पाथर हो गयी। पर दिया टिमटिमा रहा है!

बंकिम बाबू ने यमुना की सीढ़ियों पर इसी अमा की अँधेरी रात में भारत की राजलक्ष्मी को नूपुर उतारकर चुपचाप उतरते देखा था। सुना कि राजलक्ष्मी भारत की इन्द्रपुरी में लौट आयी है, किन्तु माइक की प्रसारित ध्वनि सम्भवत: उन वधिर कानों तक नहीं पहुँची है, जो युद्धोत्तर भारत में किसी नये परिवर्तन का आभास भी नहीं पा सके हैं। उनके लिए सम्भवत: राजलक्ष्मी अभी नहीं

आयी हैं। कुम्हार का चक्का अब नहीं घूमता और माटी की घंटी अब नहीं बजती, पटवारी को चुटकी भर चीनी के लिए चाँदी चढ़ाने कोई नहीं जाता, क्यों? इसीलिए कि राजलक्ष्मी के आने का डिंडिम-नाद अभी इन अभागों के कानों में नहीं पहुँच सका है, पता नहीं उस डिंडिम-नाद का दोष है या इन कानों का, इसकी मीमांसा करने की आवश्यकता भी नहीं। पर सच बात यह है कि राजलक्ष्मी के पधारने का शुभ-सन्देश उनके पास पहुँचाया भी जाय, तो वह इनके हृदय में उतर नहीं सकता। ये उस राजलक्ष्मी के आने की प्रतीक्षा में हैं जो अमावस्या के गहन अन्धकार में ही आ सकती है, जो घूर पर ही आ सकती है और जो गोबर का गोवर्धन बन कर छोटी से छोटी अन्न की डेहरी में ही जा सकती है। ये अभ्रंलिह प्रासादों की विद्युत्द्योतित सौधपंक्तियों पर मणिनूपुरों की झंकार के साथ उतरनेवाली राजलक्ष्मी को नहीं जानते, उनसे इनका कोई सामान्य परिचय भी नहीं।

इन बेचारों के छोटे-से हृदय में इतनी बड़ी और रूपहुली राजलक्ष्मी का चित्र बस नहीं पाया, यह इनका दोष नहीं, इनके उन जले अतीत के संस्कारों का दोष है, जो अपने राजाराम और उनके रामराज्य का पल्ला क्षण भर के लिए भी नहीं छोड़ना चाहते। राजाराम जो बाती उकसा गये, वह किसी के भी बुझाये बुझना नहीं चाहती और दिया टिमटिमा रहा है, स्नेह के बल पर नहीं, बाती के बल पर नहीं, किसी नयी आशा के बल पर नहीं, बल्कि उस उकसान के बल पर जो इसे राजाराम के हाथों से मिल चुकी है। इन दिये को गुल करनेवाले सपूत भी मौजूद हैं, जो नये इन्सान के लिए सबसे बढ़िया जग मसान मानते हैं, जिन्हें अतीत के ध्वस में मंगल की सृष्टि दिखाई पड़ती है। वे सपूत भी भर आँख इस दिये की ज्योति निहारें तो उनकी आँखें जुड़ा जायँ।

तो राजलक्ष्मी को अगर सौ बार गरज है कि अपने आने का सन्देश उसे इन वधिरों तक, इन अन्धों तक भी पहुँचाना है और वे अगर यह समझती हैं कि बिना इन तक सन्देह पहुँचे उनके आने का कोई महत्व नहीं है, तो मैं कहता हूँ कि उन्हें उसी रूप में आना होगा, जो इनकी कल्पना में सरलता से उतर सके। ये डालर-क्षेत्र नहीं जानते, ये पौंड-पावना से सरोकार नहीं रखते, इन्हें मुद्रास्फीति का अर्थ नहीं मालूम, पर इतना समझते हैं कि कागदों का अम्बार राजलक्ष्मी का शयन-कक्ष नहीं बना सकता। इनकी लक्ष्मी गेहूँ-जौ के नवांकुरों

पर ओस के रूप में उतरती है, इनकी लक्ष्मी धान की बालियों के सुनहले झुमकों में झूमती है और इनकी लक्ष्मी गऊ के गोबर में लोट-पोट करती है उस लक्ष्मी के लिए वन-महोत्सव से अधिक कृषि-महोत्सव की आवश्यकता है, कृषि महत्सव से अधिक कृषि-प्रयत्न की तथा कृषि-प्रोत्साहन की आवश्यकता है।

जब तक इन देहातियों की लक्ष्मी नहीं आती, तब तक हमको भी इस लक्ष्मी से कुछ लेना-देना नहीं है। हमारे ऊपर वैसे ही अकृपा बनी रहती है, हम ठहरे लक्ष्मीपति की छाती पर श्रीवत्सचिह्न देने वाले महर्षि भृगु की सन्तान, समुद्रपायी अगस्त्य के वंशज और लक्ष्मी के धरती के निवास बेल की डाली छिनगाने वाले परम शैव, हम लक्ष्मी की सपत्नी के सगे पुत्र, हमें उनसे दुलार की, पुचकार की आशा नहीं, आकांक्षा नहीं। पर विमाता होते हुए भी माता तो हैं ही वे, कौशल्या से कैकेयी का पद बड़ा हुआ, तो थोड़ी देर के लिए इनका पद भी सरस्वती से बड़ा मान ही लेता हूँ, सो भी आज के दिन तो इनका महत्व है ही, ये भले ही उस महत्व को न समझें। इसलिए मैं अपना कर्तव्य समझता हूँ कि मैं अपनी इस विमाता को चेताऊँ कि जिनके चरणों की वे दासी हैं, उनकी सबसे बड़ी मर्यादा है, निष्किंचनता। सुनिए उन्हीं के मुख से और लक्ष्मी को ही सम्बोधित करके कही गयी इस मर्यादा को...''निष्किचना वयं शश्वन्निष्किंचनजनप्रिया तस्मात्प्रायेण न ह्याढ्या मां भजन्ति सुमध्यमे'' (हम सदा से ही अकिंचन हैं और अकिंचन जन ही हमें प्रिय हैं, इसीलिए धनी लोग प्राय: हमें नहीं भजते)।

निष्किंचन को चाहे आप 'हैव-नाट' कहिये चाहे खेतिहर किसान, परन्तु कृषि और कृष्ण की प्रकृति एक है, प्रत्ययमात्र भिन्न है भगवान् और कर्म से भारत के भगवान् कृषिमय हैं, इसमें कोई सन्देह नहीं। इसलिए उनकी राजलक्ष्मी को उनका अनुगमन करना आवश्यक ही नहीं परमावश्यक है।

आज जो दिया टिमटिमा रहा है वह उसी लक्ष्मी की स्मृति में, उसी लक्ष्मी की प्रतीक्षा में और उसी लक्ष्मी की अतृप्य लालसा में। इस दिये की लहक में सरसों के वसन्ती परिधान की आभा है, कोल्हू की स्थिर चरमर ध्वनि की मन्द लहरी है, कपास के फूलों की विहँस है, चिकनी मिट्टी की सोंधी उसाँस है, कुम्हार के चक्के का लुभावना विभ्रम है और कुम्हार के

नन्हें-नन्हें शिशुओं की नन्हीं हथेलियों की गढ़न। इसमें मानव-श्रम का सौन्दर्य है उसके शोषण की विरूपता नहीं। इसी में घट-घट-व्यापी परब्रह्म की पराज्योति है, तथा स्वार्थ और परमार्थ की स्व और पर की, पार्थिव और अपार्थिव की, ताप और शीत की, नश्वर और अनश्वर की, नाश और अमरता की मिलन-भूमि एवं उनकी परम अद्वैत-सिद्धि है। भारतीय दर्शन जीवन का आभरण नहीं है, वह तो उसका प्राण है, आदि-स्रोत है और है अनन्त महासागर, मानो इसी सत्य को जगाने के लिए ही दिया टिमटिमा रहा है।

—दीपवाली 2007, पकड़डीहा

13

ताण्डवं देवि भूयादभीष्ट्यै च हृष्ट्यै च नः

भारतीय चिंतन के सर्वश्रेष्ठ फल है शिव और भारतीय कला की सबसे ऊँची उड़ान है शिव का प्रलयकालीन ताण्डव। इसी ताण्डव की रात्रि की सर्वगाँठ है महाशिवरात्रि, आज इसी का पुण्य पर्व है। विष्णु सोने के बनते हैं, ताँबे के बनते हैं, कम-से-कम शिला के तो बनते ही हैं, पर मिट्टी से भी बन सकने वाले शिव ही केवल हैं। जीवन के धुँधले प्रभात से लेकर अब तक जिस शिव की छाप स्मृति पर दुहरायी जाती रही है, वे मिट्टी के पार्थिव ही तो हैं। बचपन में याद है, बाबा शिवरात्रि के दिन घर-भर के लिए फूल की थाली में मसृण मृत्पिण्ड लेकर पार्थिव बनाने बैठते तो प्रवचन किया करते—शालिग्राम की पूजा में बड़ा टंटा है, रोज भोग लगाओ, एक दिन भी भोग लगाना भूल जाय तो भोजन करने का प्रायश्चित करो, बात-बात संपुट खोलकर इनके तुलसीदास की मुहर लगाते रहो और फिर मांस-मछली आदि दिव्य पदार्थों को रसोई में न आने दो, बड़ा बखेड़ा है; शिव का पार्थिव बनाया और पूजा करके पीपल के पेड़ के नीचे ढुलका दिया। न सोने का सिंहासन चाहिए और न सम्पुट, न वस्त्र और न स्नानार्घ्य की झंझट। मन की मौज रही बनाया, पूजन किया; चित्त ठीक रहा, रुद्री से, नहीं तो फिर केवल नमः शिवाय, कोई बन्धन नहीं, कोई बाध्यता नहीं। बाबा का यह तात्त्विक उपदेश अभी तक स्मृति-पटल पर ज्यों-का-त्यों अंकित है। आज सोचता हूँ, भूति और विभूति के इस देवता को भव-विभव से इतनी निरपेक्षा, बात कुछ समझ में नहीं आयी। इनकी इस विषम दृष्टि से खिंच कर न जाने क्यों अन्नपूर्णा ने इनके लिए मुनियों को भी मात करने वाली कठिन तपस्या की? और 'श्मशान-यूप के साथ विवाह वेदी की सत्क्रिया' हुई, 'गजाजिन और हंसदुकूल का गठबन्धन' हुआ। आज के दिन रतिपति के सखा बसंत ने दरिद्र

कपाली को जगदम्बा का सोहाग भरते देखा। बात यहीं तक नहीं रुकी, भोले शिव अपना आधा खोकर अर्धनारीश्वर बने और समन्वय के परमोच्च 'कैलाशस्य प्रथम शिखरे वेणुसम्मूर्च्छनाभिः' समवेत होकर ताण्डव रचने लगे।

शिव के इस तांडव में ही इस गत्यात्मक जगत् के परम मंगल की अभिव्यक्ति होती है। सु और सुराज का सुनहला दिवास्वप्न देखने वाली कवियों की जमात सु-कु के संघर्ष-जन्य गतिशील मंगल की इस सजीव कल्पना तक पहुँच भी नहीं पायेगी। समता, स्वतंत्रता और सहभ्रातृता के स्वर्णयुग के स्वर्णभास्वर स्वप्न की कौंध से चौंधियायी आँखें बिचारी भला कब इस भीषण और सुन्दर के सुखद मिलन का तरल शीतल दृश्य देख सकेंगी? काश, यदि देख सकती तो उनका सचमुच भला होता। प्रखर प्रकाश की ओर ताकते-ताकते जो रंगीन चश्मा लगा के चलने का अभ्यास पड़ गया है, वह तो छूट जाता। शशिशेखर का यह मधुर तांडव उन्हें तरल सुधा से आप्यायित करके उन्हें गहन अन्धकार में भी विचरण करने का बल प्रदान करता।

आचार्य शुक्ल की भारतीय अन्तर्दृष्टि ने इस तत्व का साक्षात्कार किया था। 'काव्य में रहस्यवाद' लिखते समय इसीलिए शुक्लजी को रहस्यवादी कवियों की स्वप्निलता नहीं रुची। पर उस मनीषी की दृष्टि को आज बहुतेरे रंगीन चशमेवाले रागद्वेषमयी कहने के लिए गंगाजली उठाने लगेंगे। वैषम्य के विलक्षण वैरी रही-सही समता और सरसता को भी बिगाड़ देने के लिये तुले बैठे हैं। नाक की सीध से पलभर को भी न हटनेवाली और पीछे घूमने की कल्पनामात्र को भी न सहन कर सकनेवाली प्रगति की एकतान दृष्टि अन्धी होकर समाज-वैषम्य को उखाड़ फेंकने के लिए व्यग्र है। ये उतावले बन्धु 'सुर्ख फरेरा हाथ में थामे सुर्ख सबेरा' को प्रतीक्षा में मिटे और मिटाये जा रहे हैं अपने को और अपने साथ समाज को। इन अरुण तरुणों को सान्त्वना और स्नेह प्रदान करने के लिए आज यह महाशिवरात्रि आयी है, उनके रक्तोष्ण उबाल को गुलाब की शीतल पिचकारी में परिवर्तित करने के लिए, उनकी राख में मिलानेवाली वितृष्णा को भस्ममयी विभूति में परिवर्तित करने के लिए और उनके हृदय की चीत्कार को कोकिल की काकली में परिवर्तित करने के लिए। आखिर परभृत होने ही की उन्हें मनोव्यथा है, तो क्या 'पर'

को मिटाने से ही उनकी व्यथा शान्त होगी?

क्या 'पर' को 'अपर' बना देने से उनका काम नहीं चलेगा? यदि चले तो आज इस 'पर' को 'अपर' बनाने ही के लिए यह महाशिवरात्रि आयी है।

आज की प्रदोष-वेला में आए अतीत के चित्रपट पर बीहड़ और मनोहर 'वज्रादपि कठोर और कुसुमादपि मृदु' ध्वनि-शिल्पों के बेजोड़ शिल्पी भवभूति का यह बोलता चित्र देखें...

प्रचलितकरकृतपर्यन्तचंचन्नखाघातभिन्नेन्दुनिष्यन्दमानामृतश्च्योत-
जीवत्कपालावलीमुक्तचण्डाट्टहासत्रसद्‌भरिभूतप्रवृत्तस्तुति,
श्वसदसितभुजंगभोगांगदग्रन्थिनिष्पीडनस्फारफुल्लत्फणापीठनिर्यद्
विषज्योतिरुज्जृम्भणोड्डामरव्यस्तविस्तारिदोःखण्डपर्यासितक्ष्माधरम्!
ज्वलदनलपिशंगनेत्रच्छटाच्छन्नभीमोत्तमांगभ्रमिप्रस्तुतालातचक्रक्रिया-
स्यूतदिग्भागभुत्तुंगखटवांगकोटिध्वजोद्धूतविक्षिप्ततारागणं,
प्रमुदितकटपूतनोत्तालवेतालतालस्फुटत्कर्णसम्भ्रान्तगौरीघनाश्लेषहृष्य-
न्मनस्त्र्यम्बकानन्दिवरत्ताण्डवंदेवि भूयादभीष्ट्यै च हृष्ट्यै च नः॥

प्रलयंकर शिव का तांडव अपनी चरम उत्कर्ष-भूमि पर है। उस समय का खींचा हुआ यह एक पार्श्व चित्र है। महाभीषण तांडव की रभस गति से गजचर्म ऊपर उलट गया है, फलतः बार-बार गज-चर्म के उपान्त नख-भाग से भाल का स्पर्श होता रहता है, बार-बार इस नखाघात से भालेन्दु क्षतविक्षत हो उठते हैं और अमृत की अजस्र धार नीचे प्रस्रत होने लगती है, अमृत-द्रव पी-पीकर गले में विराजमान मुण्ड जी-जी उठते हैं और इन चिरमृतकों का जीवनोल्लास भी कैसा यदि प्रचंड और उन्मुक्त अट्टहास से युक्त न हो, उनके इस महाभीषण अट्टहास से त्रिभुवन काँप उठता है और भयभीत होकर बरबस स्तुति करने लगता है।

मेरे विध्वंसवादी बन्धु यहाँ टोकना चाहेंगे और अच्छी तुम्हारी शिव की कल्पना है, भला इस महाभयकारी शिव से कल्याणमय भविष्य का क्या निर्माण होगा? हाँ, सो तो ठीक है कि विध्वंस का रूप यहाँ भी है, पर कैसा? यहाँ विध्वंस के अतीत के पुनरुज्जीवन का उदय है, मतवाले वर्तमान की शिक्षा के लिए, उन्नत भविष्य की कल्पना में तृप्त मानव की विजय के लिए

और अतीत के अट्टहास का त्रास भी कल्याण की प्राप्ति के लिए है।

चित्र आगे सरकता है। कर्पूरधवल भुजाओं में लिपटे हुए 'कारे-कारे डरावरे' भुजंग भुजाओं के बार-बार कसे जाने से लम्बी-लम्बी साँसें ले रहे हैं और उनके फणों की अंगदग्रंथि जब बार-बार कसी और पिसी जाती है, तब फन फूल उठते हैं और अपरिसीम रोष और आक्रोश के कारण उन फणों से उनका समूचा विष निकल पड़ता है; उज्जृम्भण-भाव का नाट्य करते समय जब विशाल बाँहें मुड़ती है, तब उन विशाल बाहुओं के एक खंड के आघातमात्र से पर्वत तितर-बितर होने लगते हैं।

शिव का यहाँ 'भीषणं भीषणानाम्' वाला रूप अत्यन्त सजीवता के साथ अंकित हुआ है। समाज के बीच बिलों में रहने वाले भोगी भुजंगों के फणाभोग के निष्पीडन और उनकी करुण और अपूर्व विषज्योति की निःसृति के ये चित्र जिस कल्याण की अवतारणा करते हैं, वही वास्तविक कल्याण है, इस कल्याण की भावना के उज्जृम्भणमात्र से युगों-युगों के अत्याचारों की चट्टानें उलट-पुलट जाती हैं। आज हमारी संस्कृति का स्रोत दुबका हुआ इन्हीं चट्टानों के बीच सोया पड़ा है।

अभी गहन अन्धकार हटा नहीं। इसलिए चित्र आगे बढ़ता है, शिव का तृतीय नेत्र जो सदा ध्यानावस्थित रहा करता है, आज खुल पड़ा है और उसकी धधकती लपट से सारा मुख-मंडल भयानक हो उठा है, और जिस प्रकार बालक हाथ में लुकारी लेकर घुमाते-घुमाते ज्वालाओं का एक अविच्छिन्न मंडल बना देते हैं, उसी प्रकार दशों दिशाओं में घूमती हुई इस तृतीय नेत्र की शिखाएँ, उन सबका एक परिधि में बाँधनेवाले अलातचक्र की सृष्टि करने लगती हैं। इस तांडव की अभिव्याप्ति भूमंडल तक ही सीमित नहीं रहती, त्रिशूली के उत्तुंग खट्वांग की नोक के ऊपर उठने से आकाश के समस्त नक्षत्र अस्तव्यस्त हो उठते हैं, दिशाओं को दहकानेवाला और दूर ताराओं को व्याकुल और विक्षिप्त कर देने वाला यह तांडव है!

जगत् की मोहान्ध जड़ता की नस-नस पिघला देने वाली ज्वालाओं का यह अभिनय है, जुगजुगाती मन्दालस ताराओं को हड़बड़ा देने वाली यह जागृति की महाप्रेरणा है, आज हमारे नक्षत्र भी मन्द पड़ गये हैं और हमारी दिशायें भी अन्धकार से घिरी हुई हैं।

अब इस चित्र का आनन्द-पक्ष सबसे अन्त में आता है। शिव के इस भीषण तांडव का रसास्वाद आपातत: लेते हैं उनकी सेना के भूत-भूतनी और आनन्द विभोर होकर वे अपने असंख्य करतलों पर ताल लगाते हैं, इस ताल की कान फोड़नेवाली ध्वनि से अब तक लास्य में आत्म-विस्मृत-सी गौरी चौंक उठती हैं और तब एकदम घबड़ाकर घनालिंगन-पाश में वे अपने को कस देती हैं; उनका दिया हुआ यह अनायास घनाश्लेष परमयोगी त्रिलोचन को भी पुलकित कर देता है और इस प्रकार परम्परया उनकी परानन्दसिद्धि कराता हुआ या तांडव अपनी चरम सिद्धि को प्राप्त करता है।

मृत के जीवन, जड़ के त्रास, विष के निस्सार, अचल के पर्याप्त, अनल के आलोक और नक्षत्र के विक्षेप से जिस आनन्द का उदय होता है, उसका रसास्वाद करने की क्षमता उनके विकटगणों में ही हो सकती है, सामान्य लोक की अनुभूति का विषय यह आनन्द नहीं हो सकता। हाँ, सामान्य लोक को रसास्वाद होता है 'सम्भ्रान्तगौरीघनाश्लेषहृष्यन्मनस्त्र्यम्बकानन्दि' तांडव का। आज जगद्धात्री आत्मविस्मृति में पड़ी हुई हैं, उनका आनन्द-बोध कराने के लिए पहले विरुद्ध भावोदय कराने की आवश्यकता है, जब तक उस तांडव के मर्मज्ञ ताल नहीं देते, तब तक जगदम्बा की तल्लीनता भंग नहीं होती और जब तक वे भी आकुल नहीं होतीं, तब तक शिव की तृप्ति नहीं होती। आज हमारी मां बेसुध हैं, उसके शिव उसको सुध में लाने के लिए तांण्डव मचाये हुए हैं, पर ताल लगानेवाले नहीं, क्या किया जाय? जिन्हें थोड़ा बहुत ताल देना आता भी है वे स्वयं नाच रहे हैं, ताल देने की उन्हें सुधि ही नहीं है। या तो वे सपनों का जाल बुनने में व्यस्त हैं, या अपने रोने-धोने में डूब उतरा रहे हैं।...

जब तक ऐसे 'मर्मी' ताल नहीं लगाते तब तक इस शिव-ताण्डव से अभीष्टि और दृष्टि की कामना कैसे की जाये? पर यहाँ आज के दिन प्रतिक्रियावादी कहलाने का कलंक ओढ़कर भी इस शिव ताण्डव के किसी भी अंश से अपना मानस प्रत्यक्ष जोड़ने का प्रयत्न कर लें, 'स्वल्पमप्यस्य धर्मस्य त्रापते महतो भयात्' और 'नहि कल्याण कृत्कश्चिदुर्गति तात गच्छति'।

—शिवरात्रि 2007, प्रयाग

14

टिकोरा

बहुत दिनों से कुछ लिखा नहीं। एक दिन था कि मेरी अमराई बौरा उठी थी। उसमें इतने बौर आ गये थे कि किसलय और पल्लव राग-लालसा की ललक से एकदम निलीन हो चुके थे। वे बौर धीरे-धीरे लसिया-लसियाकर धूलि में मिल गये, उनकी मादक महक से आती बयार में खुमारी आने लगी, और जिन बौरों पर पुरुवा की कृपा नहीं हुई थी, उनकी मुरझाइयों में सरसों जैसे टिकोरे आने लगे। आज तो मंजरियों का सुरभित कषाय लुभावनी अम्लता में परिणत होने लगा है। इस अम्लता के लिए किसोर मन का लोभ बहुत महँगा पड़ रहा है, गौध के गौध इस बचकाने लोभ के शिकार हो रहे हैं। अभी तो इनमें सच्ची खटाई भी नहीं है, पर मेष-संक्रान्ति (सतुआनि) के दिन नव वर्ष के मंगल के उछाह में टिकोरे के आस्वादन की परम्परा चलाने वालों की जय हो, टिकोरों के घर तो त्राहि-त्राहि मची हुई है। सोचता हूँ, यह समय ही कच्चे टिकोरों के और फलोन्मुख प्रतिभाओं के करुण बलिदान का है। नाती-पोतों के लिए दसहरी,ठाकुरभोग, गौरजीत और सफेदा के बाग लगाने वाली पुरानी पीढ़ी ज्ञान से इसका समाधान करती है कि टिकोरों भरी डाल यदि झहरायी न जाय और टिकोरे तोड़ न लिये जायँ तो पेड़ पर ही आ बनती हैं, आँधी आने पर फलों से लदा पेड़ पहले ढह जाता है। इन्हीं लोगों के संकेत पर कलमी आमों की समूची मोजर की मोजर आरम्भ के दो-तीन वर्षों तक हाथ से मींज दी जाती है,क्योंकि इनका अनुभव सिद्ध वचन है कि जल्दी फल लगने से पेड़ कमजोर हो जाता है।

तो बस पेड़ बना रहे,ठूँठ होकर भी बना रहे, कोई हर्ज नहीं, नीचे की डालें सत्यनारायण की कथा में हवन के उपयोग के लिए छिनगा डाली जायँ, पेड़ सरहँस सा ऊपर ताकता चला जाय, उसके छतनारपन के सौन्दर्य से भी क्या लेना-देना? हमें तो बाग में अभी गिनती बनाने के लिए पेड़ चाहिए। हम

शाश्वत उपयोग में विश्वास रखते हैं, हम टिकाऊपन को ही उपयोगिता की सबसे बड़ी परिभाषा मानते हैं और उपयोगिता को ही साहित्य का प्राण। बौर और टिकोरे होंगे, होते होंगे, बौर बूटी में कुछ रंग लाने में कभी-कभी काम आ जाता है, वही उसका शास्त्रीय प्रयोग है औरं जब बूटी का रंग कुछ ज़रूरत से ज्यादा गहरा हो चलता है, तो उसे उतारने के लिए टिकोरों की भी ज़रूरत पड़ जाती होगी। इससे अधिक इनका कोई महत्त्व नहीं है, वैसे बुर्जुआ और ह्रासोन्मुख साहित्य इनके राग चाहे जितना अलापा करें, उससे कुछ होता-जाता नहीं। महत्त्व रुख का है। रुख जितना ही खड़ा और सीधा, जितना ही कड़ा और खुरदुरा जितना ही विशाख और अर्पण, जितना ही बाँझ और बीहड़ होगा, उतना ही उसका महत्त्व बढ़ेगा क्योंकि ये गुण जितने ही विकसित होंगे, उतनी ही मजबूती उसमें आती जायेगी।

पर मेरा ममता इन निगोड़े टिकोरों से है, मेरी का अर्थ मेरी पूरबी रागिनी की, जो बहुत अनुनय भरे स्वरों में कूकती है—

काँची अमिया न तुरिहऽ बलमु काँची अमिया
मोरे टिकोरवा न रसवा पगल हो,
हियरा में गँठुली न अबले जगल हो,
मोरे सुगापंखी सरिया के कुंसुमी मजिठिया में,
राँची धनिया न बोरिहऽ बलमु राँची धनिया
काँची अमिया न तुरिहऽ बलमु काँची अमिया
मोरे अमिअरिया में मोजरा न अइलें हो,
डरियन डरियन पतवा ललऽइलें हो,
चोरिया आ चोरिया जो लगलें टिकोरवा
जाँची बतिया न छुइहऽ बलमु जाँची बतिया
काँची अमिया न तुरिहऽ बलमु काँची अमिया
पुरुवा में लसिया के गिरलें टिकोरवा,
बाँव जो गइलें ई दखिना पवनवा,
मोजरा के गितिया त कोइली सुनवली,
साँची बतियो न पुछिहऽ बलमु साँची बितिया
काँची अमिया न तुरिहऽ बलमु काँची अमिया

मैं इस कच्ची अमिया को सँजो के रखना चाहता हूँ, क्योंकि रसाल की परिणति की इस दशा में ही मैं उसकी सच्ची सहकारता मानता हूँ। बौर तो बयार की चीज है और पके हुए टपकुआ आम धरती की, पर बयार को आश्वासन और धरती को आशा दोनों एक साथ देनेवाली कच्ची अमिया तो दोनों की आराध्य है। जानता हूँ, मुँहजली कोयल इस पर नहीं कूकती, अमृतद्रव के पारखी शुक इसमें अपनी ठोर लगाने नहीं आते, इस पर या तो शैतान बालकों की सन-सन करती हुई सधी ढेलेबाजी आती है या पूरबी लोक-साहित्य की ममता भरी सजल दृष्टि। मनचली ढेलेबाजी इसे क्षत-विक्षत करती रहती है, पर पूरबी की सरसता इसमें मृतसंजीवनी का अभिसिंचन करती रहती है। उस साहित्य में नयी तरुणाई का तो तादात्म्य इनके साथ अभिव्यंजित है, वह उसकी अपनी निराली निधि है।

वैसे कच्चे आमों की भी जेली और मुरब्बा बनाने की विधियाँ सयानी पछुआई औरतों ने निकाल ली हैं और इसके नयनाभिराम रूपान्तर शीशे के अमृतबानों में सजे हुए बड़े घरों में देखने को मिल भी सकते हैं, पर मैं गँवार आदमी अपनी अमियारी की डाली पर ही टिकोरों की गौध झूलते देखना चाहता हूँ। उसके सभ्य उपयोग एवं प्रयोग मेरे गले के नीचे नहीं उतर पाते। हिन्दी के नये युग में भी ऐसी सयानी प्रतिभाओं की कमी नहीं है, जो आम की कैरियों के सदुपयोग के लिए पहला, दूसरा इनाम जीतने की होड़ लगाये हुए हैं। उनकी मैं वन्दना करता हूँ।

क्योंकि वे वन्दनीय हैं। उन्हें नये नाम देने आते हैं, उन्हें कहीं का ईंट और कहीं का रोड़ा लेकर भानमती का कुनबा जोड़ना आता है, परस्पर प्रेम-प्रशंसा और 'हाथमिलौवरि' के बल पर उन्हें समस्त जगत् को नगण्य समझना आता है, (यत्र तार्किकास्तत्र शाब्दिका:, यत्र शाब्दिकास्तत्र तार्किका: यत्र नोभयं तत्रचोभयं, यत्र चोभयं तत्र नोभयम्,) जहाँ नैयायिक बैठे हों, वहाँ वैयाकरण, जहाँ वैयाकरण वहाँ नैयायिक, जहाँ दोनों न हों, वहाँ दोनों और जहाँ दोनों हो वहाँ कुछ भी नहीं बनना उन्हें आता है, काल्डवेल, सार्त्र और कर्कगार्ड का उगिलदान बनना उन्हें आता है और सबसे अधिक आता है उन्हें नये बन-पखेरुओं को लासे पर फँसाना और सजल तरल चमकीली मीनाक्षियों पर वंशी लगाना। उनके कमरों में नवीनतम कलाकृतियाँ मिलेंगी, उनकी फाइलों में

नयी शोषित तरुणाइयों की कसकती पत्रावलियाँ मिलेंगी और मिलेंगी बनपंछियों को सजीली पंखावलियाँ। आज जब जुगों बाद लिखने की मुझे सुधि आयी है, तो हिन्दी के नयी खेवा के वे कर्णधार भी सुधि आये हैं, जो इस जुआघर के सभिक (दादा) बने बैठे हैं, नयी बाज़ी जो कोई भी जीते, उसका श्रेय और मोटा हिस्सा उन्हें कृष्णार्पण न हो, तो नये खिलाड़ी को अर्धचन्द्र मिल जाता है। और जो एक बार ठगा जाकर बाहर फरियाद करता है, उसकी और भी दुर्गति होती है, वह 'पलिहर' (रबी की तैयारी वाला खेत) का 'अकेलवा' बानर बन जाता है। ऐसी इन महापुरुषों की माया का पुण्य प्रताप है कि कल का शोषित आज शोषक रह कर ही जी सकता है और इसलिए साहित्य में बटलोईमारों की दिन-अनुदिन बढ़ती होती जा रही है। जिस बिचारे ने जतन से आँच सहकर बटलोई में रसोई पकाकर प्रेमपूर्वक परसा उसका कोई नामलेवा भी नहीं रहता और खा-पी बटलोई भी उठा ले जाने वालों की तूती बोलती रहती है।

सो, मैं लिखते-लिखते सोचता हूँ कि मुझ जैसे 'कानन-जोगू' को इन हवेलियों की छाँह न लगे, इसी मे मेरा हित है। मुझे टेक्स्ट बुक में जाने का सुयश और सौभाग्य न प्राप्त हो, मुझे अमचुर, सिरका, चटनी और अमावट बन कर दूसरों की थाली में परिषेवित होने का सुअवसर भी न प्राप्त हो, मुझे चिन्ता नहीं। मैं तो बस यही माँगता हूँ कि खेती के प्रसार की आँधी में बची हुई बस्ती से दूर इस उजाड़ बगिया के इस अकेले आम को टिकोरा लगते समय दो तृप्ति और चाह भरी आँखें मिलती रहें, और तब मेरे लिए रैन भी विहान है और तपता हुआ जेठ या घहराता हुआ भादों या गलता हुआ माघ भी चैती बहार है, क्योंकि मंजरी तो केवल हिमवात में बसन्ती बयार की नयी उष्णता की आशा है, पर टिकोरा बसन्त की सफलता है। यह नये वर्ष का उदय है और मधुमास का चरम उत्कर्ष। इसमें नवलक्ष्मी की परिपूर्णता होने के साथ नूतनता का अभिनन्दन है; पर इसलिए यह निहारने की वस्तु है, हथियाने की नहीं।

—बसन्त २०००९, प्रयाग

15

होरहा

पहले मैं हिन्दी के सुविज्ञ पाठक से निवेदन कर दूँ कि 'होरहा' क्या चीज है। हिन्दी का पाठक हरे चने की सुगन्धित तहरी से परिचित होगा, कुछ और नीचे उतरकर वह बूट से भी परिचित होगा, पर डंठल-पत्ती-समेत भूनकर और तब छील-छाल कर नये अधपके चने का बिना नमक-मिर्च के आस्वादन शायद उसने न किया हो। जिसने किया होगा, उसे 'होरहा' का अर्थ बताने की जरूरत नहीं। सिर्फ इतनी याद दिला देने की चीज रह जाती है कि यह मौसम होली के साथ-साथ होरहा का भी है।

देहातों में वन-महोत्सव की तीसरी वर्षी गुजर जाने के बाद भी ईंधन की समस्या हल करने के लिए अरहर ही काम में आ रही है, सो माघ का जाड़ खेपाने के पहले ही वह खप जाती है, इसलिए विधिवत् रसोई का सरंजाम हो नहीं पाता। कचरस और मटर की छीमी पर ही दिन कटते हैं, फागुन चढ़ते-चढ़ते होरहा के रूप में भुने अन्न का सुअवसर प्राप्त हो पाता है। जिन भू-भागों में जड़हन (अगहनी धान) नहीं उपजती, वहाँ माघ दूभर हो जाता है और अभावों के साथ जूझने वाले किसान का जी 'होरहा' हो उठता है। इसलिए जब वह अपनी कमाई को नयी फसल में इतनी प्रतीक्षा के बाद आँखों के सामने फलते देखता है तो उसके मन में मधुर प्रतिहिंसा जाग उठती है और अधपके डाँठ काट-काटकर वह होरहा जलाने लगता है। इस महीने वह 'सम्मति मैया' (संवत् माता) को फूँकने के लिए छानि-छप्पर कोरों-धरन (कड़ी-बल्ली) खटिया के टूटे पाये और गोहरा (उपलों के डण्डे) के अम्बार चोरी कर-कर के जुटाता है। जलाने के लिए यह उल्लास उसमें जलते रहने का अवश्यम्भावी परिणाम है। इस साल मेरे गाँव के इर्द-गिर्द ओला पड़ा है; बाढ़ और सूखा की सुदृष्टि तो बरसों से यहाँ बनी हुई है, इस ओला में समूची

खेती पथरा गयी है, सरसों और मटर के फूलों से धरती भिन गयी है; गेहूँ और जौ की बालियों के झुमकों की एक-एक लर (लड़ी) बिथुर गयी है और आस की अन्तिम साँस भी घट कर टूट गयी है। रह गयी है धाँय-धाँय जलती हताशा, जो सर्वस्व चले जाने पर निश्चिन्त और निर्द्वन्द्व होकर बैठ गयी है। कल की फिक्र करते-करते किसानी थक गयी है और इसलिए वह वर्तमान की बची-खुची उपलब्धि को फूँक डालने पर एकदम उतारू हो गयी है डेहरी में अनाज भरा जायेगा या नहीं, खलिहान की राशि में गोवर्धन लोट-पोट करेंगे या नहीं, बेंग (बीजऋण) भरा जायेगा या नहीं, फगुआ के दिन पूड़ी के लिए दालदा आयेगा या नहीं, इसकी उसे लेशमात्र भी चिन्ता नहीं; वह ओले की मार से कोना-अंतरा में बचे डाँठ का होरहा बना रही है, चिर युगों से क्षुधित उदर को जी-भर पाट लेने की उसे उतावली है, कौन जाने फिर यह देवदुर्लभ पदार्थ मिलेगा भी या नहीं, क्योंकि वह आज मुक्ति की राह पा चुकी है। किसानी की समस्त ममतायें, धरती के प्रति सारा चिपकाव और देहली के लिए अशेष मोह सभी आज स्वप्न के तार की भाँति टूट गये हैं। प्रेमचन्द के होरी के गोदान-वेला सच्चे माने में आज आयी है, अन्तर इतना ही है कि आज उस गोदान को सम्पन्न कराने के लिए उसकी धनिया के पास बछिया क्या छेरी तक का नीकर (निष्क्रय-द्रव्य) नहीं है, उसके पास दान करने को केवल जली खेती का चिता-भस्म बच रहा है।

सुना है महाकाल के मन्दिर में शिव को चिता-भस्म चढ़ाना जरूरी होता है, सो आज, गोदान, हम मुमूर्षु भारतीय होरी को करा सकें या नहीं, उसकी चिता से बटोर करके महाकाल के अधिष्ठाता दैवत के शीश पर दो मुट्ठी गरम राख तो चढ़ा ही सकते हैं। अबीर और गुलाल से ये देवता रीझने वाले नहीं। इन्हें फल के नाम पर कनक और मदार चाहिए, दोनों ही बौराने वाले फूल। इन्हें पत्ती के नाम पर भाँग चाहिए, फल के नाम पर बैर (बदरी) जो इस मौसम का प्रतिनिधि भारतीय फल है। इन चीजों का अकाल इस देश में कभी भी न पड़ेगा और अपने शिव को प्रसन्न करने के लिए कम से कम हमें विदेश के आयात पर अवलम्बित नहीं होना पड़ेगा। खैर ये तो जड़ प्रकृति की वस्तुएँ हुईं, शिव की पूजा में मानवी कला के उपादान भी चाहिए। वे डमरू की

ध्वनि-से शब्द-सृष्टि करने वाले और प्रत्येक युग-संध्या में ताण्डव रचने वाले नटराज हैं, कला उनके लिलार में लिखी है, वे चिता-भस्म वालों से कुछ और भी माँगते हैं, वे अपने उपासक प्रेत-कंकालों से नृत्य-संगीत भी माँगते हैं, यह न हो सके तो कम-से-कम अपने नृत्य पर ताल तो माँगते ही हैं। यह न मिले तो शिव शव हो जायँ; इसलिए खेती-बारी, घर-दुआर, तन-मन और राग-रंग सब कुछ होरहा करने से ही नहीं चलेगा, सब कुछ गँवा के और सब कुछ होम करके भी हमें ताल देना सीखना होगा, शिव के साथ नाचना सीखना होगा और शिव की 'आकाशवाणी' के सुर में सुर मिला कर गाना भी सीखना होगा। हम न सीख सके तो हमारी विफलता होगी, हमारी भारतीयता को बहुत बड़ी चुनौती होगी। अभी बसन्त-पंचमी के आस-पास अपने प्राचीन स्वतन्त्रता दिवस तथा नये गणराज्य दिवस के समारोह में हमने लोक-नृत्य-उत्सव धूमधाम से मनाकर उपनी क्षमता का परिचय दिया है। हमें इसे कायम रखना है।

हम यदि मसान की मस्ती कायम न रख सके तो हमारा शिव शव हो जायेगा, तब छिन्नमस्ता महाकाली उसके ऊपर तुरन्त खप्पर लिये नाच मचाने लगेगी। उस शोणित-रंजित दृश्यपट से अपने क्षितिज को बचाने के लिए ही हमें आज यह चौताल उठाना है—

'शिवशंकर खेलैं फाग गौरा संग लिये'

गौरा को संग लेने पर कुछ कलमुँहों को आपत्ति होगी, पर वे यह नहीं जानते कि हमारे शिव अर्धनारीश्वर हैं, या यों कहा जाय कि उनके आधे अंग से तो प्रत्यक्ष रूप से और शेष का अप्रत्यक्ष रूप से, इस प्रकार उनके सर्वाङ्ग का स्वामित्व जगद्धात्री 'गौरा' के हाथ में ही है। हिमालय के अंक में बसी हुई अलका से दूर मैदानों में रहने वाले अभागों को शायद यह आपत्ति हो सकती है कि उनके शिव गंगाधर भी तो हैं। गंगा को उन्होंने अपने जटाजूट में धारण किया है। केवल इतना ही नहीं उन्होंने अपनी जटा खोलकर जगत् को अमर जीवन दान भी किया है, उन्होंने तपती धरती को रसाधार देकर जिलाया है और कैलाश छोड़कर गंगा की मध्यबिन्दु काशी में अपना आसन जमाया है। इसलिए 'हरहर' के साथ 'गंगे' की टेर

लगाने वाले बनारसी फक्कड़ों की इस आपत्ति को एकदम उड़ाया नहीं जा सकता।

इस पर कुछ विचार करने की जरूरत है। होरी अपने तन-मन-धन की होरी करके मुक्तिधाम में 'हरहर' का बोल लगाते समय 'गंगे' पर अटक जाता है। उसे लगता है कि उसके शिवशंकर बहुत श्वसुरालय-प्रेमी हो गये हैं, क्योंकि उसकी गंगा दिन-ब-दिन कृश से कृशतर होती जा रही हैं। यह शिव की ओर से कुछ सरासर ज्यादती हो रही है। विष पीनेवाले शिव से इस विलास-लीनता की अपेक्षा नहीं की जाती थी। पर कदाचित् वे विषपायी शिव ये नहीं हैं। ये इस नये कल्प में कुछ बदल गये हैं, इन्होंने शंकराचार्य की भाँति किसी अमरुक के शरीर में प्रवेश कर लिया है, और अब ये गंगा और गंगातीरवासियों का दुःख एक दम बिसरा चुके हैं।

पर जाने दीजिए इस पुराण-पचड़े को। यह पुराणपन्थी भी पुरानी, शिव भी पुराने, किसी नये मनमोहन की चर्चा चलाइये। यों तो इस महीने में बूढ़े बाबा भी देवर लगते हैं, पर जो नवेलियों को भी नवल लग सके, ऐसे नन्दलाल की रसीली बातें कीजिए, जिसकी साँवली सलोनी मूर्ति आज बसन्ती रंग में नख-शिख सराबोर हो उठी है। हाँ यह दूसरी बात है कि हमारा यह बाँका छैला भी परकीया के पीछे ही अधिक पागल है, यहाँ तक कि उसे अपने पीताम्बर के लिए चीनांशुक के बिना काम नहीं चलता और वह अपनी 'उज्ज्वल नीलमणिता' खोकर लाल-लाल रह गया है। उसे इतनी भी अपने गाँव-घर की सुधि नहीं है कि आज होली के दिन जब गाँव का गाँव इस नये बसन्त में होरहा हो चुका है, तब बीतते संवत्सर की चिताधूलि उड़ाने के लिए उसे बार-बार फेरी लगाना है फागुन में छाने वाली घनघटा चीरकर उसे एक किरण झलकानी है, द्वार-द्वार दुःख की लरजती छाया में उसे आनन्द की धूप-छाँह खेलती है, और न जाने किस युग से चला आता हुआ यह गीत उसे गाना है—

'सदा आनन्द रहे एहि द्वारे मोहन खेलैं होरी'

आनन्द लाने के लिए बाँकी जवानी को अपने 'घर की वर बात' विलोकनी होगी, नहीं तो घर एकदम उजड़ चुका है, सुरमा लगाने वाले रंगी बुढ़ऊ से कोई उम्मीद वैसे ही नहीं है, अब आशा है तो उसी अल्हड़ मनमोहन से जो न जाने कहाँ-कहाँ रँगरेली करके अनमने और सूखे भाव से रीति निभाने के लिए मधुरात के ढुलते प्रहर में अपनी थकित और निराश प्रेयसी के पास फाग खेलने आता है, दुःख में पगी हुई नवेली इस सूखे स्नेह को दूर से झारती हुई कहती है,

'चाल पै लाल गुलाल सों, गेरि गरै गजरा अलबेली।
वों बनि बानक सों 'पदमाकर आये जो खेलन फाग तौ खेलों।
पै इक या छवि देखिबे के लिए मों बिनती कै न झोरिन झेलौं।'
रावरे रंग रँगी अँखियान में, ए बलवीर अबीर न मेलों।'

'फाग खेलने की मनाही नहीं है, पर तुम्हारी आँखों में जो किसी दूसरी बड़भागिनी का रंग चढ़ा हुआ है, उसी को अपने में पाकर मेरी आँखें निहाल हैं, उसमें फिर अपनी यह अबीर न मिलाओ, इतनी ही विनती है। मैं तो होरहा हो ही रही हूँ, अब प्रेम को होरहा न करो।'

मैं गँवार अनपढ़ किसान ठीक यही बात अपना होरहा भूनते-भूनते सोचता हूँ कि मेरी बात कौन समझेगा। मानता हूँ, लोकगीतों का फैशन चल गया है, आधी रात बेला अब दिल्ली शहर के बीच भी फूलने लगा है और जिसमें ग्राम्यता की झीनी पालिश पर हृदय शहराती, रजत बोलपटों से ऐसे पनघट वाले रूमानी गीत हर एक बँगले में लहराने लगे हैं और विहंगम कवियों की वाणी भी ग्राम्या की छवि निहारने लगी है। परन्तु क्या इन अभिनयों में मेरी अभिव्यक्ति और तिरोहित नहीं हो रही है। मेरी विथा को कोई ओढ़ना नहीं चाहता, पर मेरे 'शैवलेनापि रम्यं' सरसिज को अपने फूलदान में सजाने के लिए अलबत्ता शौकीनों में लड़ाई छिड़ी हुई है, गालियों की धूम मची हुई है। मैं तो इस उधेड़-बुन में देखता हूँ कि होरहा की आग हवा के झोंकों में बुझ गयी है। अधझुलसा रहिले (चने) का डाँठ धुँअठ भर गया है,

कड़े छिलके के भीतर छिपे हुए दाने अभी दुधार के दुधार बने हुए हैं, उनके रस तक आँच पहुँच न सकी। परन्तु मेरे अन्तर की अधपकी फसल, बाहर की ज्वाला की लहक पाकर ही एकदम राख हो गयी है। उसका एक दाना भी कोयला हुए बिना नहीं रहा सका है, क्योंकि उसके पास चने का-सा कड़ा छिलका नहीं रहा, जो उसकी रक्षा कर सके। बस इसके अनुताप में गुनगुनाता बच रहा है—

'नहिं आवत चैन हाय जियरा जरि गइले'

होली, 2009, प्रयाग

16

आहो आहो संझा गोसाइँनि

एक बार अपनी श्रेष्ठतम कृति वाणी के सौन्दर्य से स्त्रष्टा स्वयं विमोहित हो गये और उसके पीछे अनुधावन करने लगे। ब्रह्मा की उस मोहतनु को शिव से शर से बींध कर नष्ट करना चाहा, सो उसी तनु से संध्या की उत्पत्ति हुई, और सन्ध्या न केवल आत्मचिंतन और वन्दना की बेला बनी, बल्कि जिसे मनुष्य की दुर्बलता कहा जाता है उस प्रेम की गहराई की माप भी बन गयी। ऋषियों ने उसकी इसीलिए यदि अपने ढंग से वन्दना की, तो विजन वन से अधिक आँगन में जीवन के सत्य का दर्शन करने वाली भारतीय नारी ने अपने ढंग से संझा माई की विनती की। संध्या मोह औरज्ञान की संधि तो बनी ही, वह नारी और पुरुष के मिलन की भूमि भी बनी। इसी से विवाह जैसे पुनीत और गम्भीर संस्कार के पूर्व उसका आराधन लोक-रीति और गीति का अनिवार्य अंग बन गया।

विवाह के पाँच दिन पूर्व ऐसी दिन भर चावल-दाल फटकते-बीनते, हल्दी पीसते और पियरी रँगते जब गृह-नारी थक जाती है, तब गोधूलि आते ही, आँगन लीप-पोतकर, नहा-धोकर और एकदम सुस्थिर होकर वह पाँत बाँध कर बैठ जाती है। उस समय समाधिस्थ तन्मयता के साथ वह संझा का आह्वान करने जब बैठती है तो उसको उस क्षण में देखना उसकी आराधना को देखना है। इन गीतियों में मैं उनका पलायन नहीं पाता, मुझे तो लगता है कि गृहस्थ जीवन के लिए इन्हीं गीतियों में वे प्रेरणा का संचय करती हैं। कहने के लिए तो इसमें कोई खास बात नहीं होती, तीन पुस्त पहले तक के मरे लोगों का नाम ले-लेकर उनकी असीस माँगी जाती है, संध्या का आवाहन होता है। जीवित वधुओं का नाम ले-लेकर उनसे 'दियना' जलाया जाता है, वर के मंगलमय भविष्य की काव्यमय कामना की जाती है। अमवा के नाई बाबू

मउरें, महुअवा कुचलागें, पुरइन पात अस पसरैं, कँवल अस विहँसें (वर आम की तरह मंजरित हो, महुए की तरह पुष्पित हो, पुरइन की तरह प्रसृत हो और कमल की तरह विहसित) पर कहने के लिए न होता हो। समझने के लिए तो उन शब्दों में पुनरुक्ति हो, अनलंकृति हो, अर्थ में अचमत्कृति हो, अपरिष्कृति हो, किन्तु ध्वनि और रस का छिड़काव तो मिलता है। व्यंग्य कभी-कभी केवल कंठ के स्वर में रहता है, यहाँ तो गीतियों का पूरा आरोह-अवरोह ही एक महान् गौरव की अभिव्यक्ति करता हुआ जान पड़ता है।

संझा-गीतिमाला में पहली गीति है,

आहो आहो संझा गोसाइँनि ईहे तीनिउ रउरे नव गुन ईहे तीनिउ रउरे बड़ा बरह्मा विशुन महेश ईहे तीनिउ दिहलें असीस.........राम चिरंजिव हाथ चँवर ले बिनवैं ईहे तीनिउ भगतिनि आगर संझा गोसाइँनि आहो आहो (तीन गुणों से नव गुण करने वाली तुम्हीं हो। तुम्हारे सबसे बड़े आराधक हैं ब्रह्मा, विष्णु, महेश। ये तीनों वर को आशीर्वाद देते हैं। वह हाथ में चँवर लेकर विनती करता है। यही तीनों भक्ति के आकार हैं।)

मैंने जब-जब यह गीति सुनी है, तब-तब लगा है कि वेद-मन्त्रों का उच्चारण हो रहा है, वैसी ही गम्भीरता, वैसी ही पवित्र तन्मयता और वैसी ही मोहकता से अभिभूत हो गया हूँ। मुझे ऐसा लगा है कि ज्ञान का सूर्य अस्त होते-होते अपनी त्रसरेणुओं की लाली इस जनगीति पर बिखेरता चला गया है। इस गीति में केवल त्रिगुणात्मिका प्रकृति की वन्दना ही नहीं, बल्कि मनुष्य के लिए उन्नयन की प्रेरणा भी मिलती है। सांसारिक सम्बन्धों में भी मनुष्य ऊर्ध्वमुखीन हो सकता है, इस गीति का ही सन्देश है। मनु-याज्ञवल्क्य-वाल्मीकि-व्यास और कालिदास-भवभूति के जीवनदर्शन का यही निचोड़ है। संझा की दूसरी गीति में नववधुओं के नाम लेकर उनके दैनिक कार्य की एक झाँकी दी जाती है।

हमरी कुलनन्दनी कवऩ देई साँझे दियना बारेली भोर बढ़निया आँगन (हमारे कुल की नन्दिनी.......देवी संध्या में दिया जलाती हैं और भोर होते ही आँगन की बुहारु में लग जाती हैं) कुलवधू को गृहलक्ष्मी के पवित्र पद पर आसीन होकर ज्योति जगाने का ही केवल गौरव नहीं प्राप्त होता,

बल्कि समस्त बाह्य और आभ्यन्तर कलुष के परिमार्जन का दुष्कर सेवाकार्य भी उसी के पल्ले पड़ता है, इस गीति का यही सन्देश है, भावी वधू को उसके कर्त्तव्य तथा अधिकार की यही दीक्षा है। नया रक्त ही सन्ध्या के ध्वान्त में नित्य नया आलोक भरने में सक्षम हो सकता है और साथ ही नये रक्त से ही नवप्रभात के स्वागत में सजग तैयारी की आशा की जा सकती है। यदि नयी बहू के आने पर प्रदोष-वेला उदास रही और प्रत्यूषवेला मलिन तो फिर कुल उससे नन्दित कहाँ हुआ, कुल को नन्दित करने के लिए प्रेम और सेवा ही साधन हैं, प्रेम तरल ज्योति प्रदान करता है और सेवा स्वयं मलिन बनकर जगत् की मलिनता दूर करती है; ठीक उसी तरह प्रदोषसन्ध्या अमृतवर्ति पूरकर क्षीरोदधि का समस्त नवनीत भरकर विश्व-मंदिर में सोमदीप जलाती है। उसकी देखा-देखी सुरसुन्दरियाँ अपने-अपने महलों में बाहर-भीतर अगनित झिलमिल दीप जलाने लगती हैं और प्रत्यूषसन्ध्या रविकिरणों की सुनहली बुहारू से बुझते दीपों के साथ-साथ उनकी जली-अधजली बातियों की राख बटोरकर पश्चिम समुद्र में डाल देती है। विश्व-अजिर एकदम धुलकर चमक उठता है। इन दोनों महनीय सान्ध्यवेलाओं का शृंगार ही सौभाग्यवती कुलवधू का शृंगार है, रात में कल्पना की भाँति लुभावना और मोहक और दिन में सूर्य के प्रकाश की भाँति शुभ्र उज्ज्वल।

मंगल-दीप जलाकर गृहलक्ष्मी का अभिनन्दन करने के उपरान्त तीसरी गीति में इस दीप का भी भावपूर्ण विश्लेषण किया जाता है—

कत्थी कइ दियना कत्थी कइ बाती कत्थी कइ तेलवा जरेला सारी राती।
सोने कइ दियना रूपै कइ बाती सरसों के तेलवा जरेला सारी राती
जरिउ दीप जरिउ दीप सारिउ राती जबले दुलहादुलहिन खेललैं चौपर।
जरि गइले तेलवा सम्पूरन भइली बाती जँघिया लागलि दुलहिन देइ गहली अलिसाइ।

(किस चीज़ का दिया, किस चीज़ की बाती और कौन-सा तेल सारी रात जला करता है! सोने का दिया, रूप की बाती और सरसों का तेल सारी रात जला करता है। जलो दीप, सारी रात जालो, जब तक कि दुलहा-दुलहिन का चौपर चलता रहे। चौपर खेल खतम होते-होते तेल जल गया, बाती समाप्त हो गयी

और दुलहे की जाँघ पर सिर लगा दुलहिनि अलसा गयी) इस गीति में से यौवन के विषय-भोग का मनोरम संकेत झाँक रहा है। सोने का दीप कर्म के शाश्वत आधार का प्रतीक है और रूपा की बाती, चंचल और भंगुर रूप का, सरसों का तेल पार्थिव स्नेह का। जब तक बाती की तरह पूरा गया रूप रहता है और जब तक उसे तर करने में समर्थ पार्थिव वासना रहती है, तब तक विलास का चौपर चलता रहना चाहिए। जब चौपर के खेल में अवसाद आने लगे, जब जीत में उल्लास की और हार में उत्साह की कमी होने लगे, तब दिया जलते रहने में कोई आनन्द नहीं। जब तक खेल चलता है, तब तक दिया जलता है और जब तक जवानी की रात ढलती नहीं, तब तक खेल चलना चाहिए और दिया जलना चाहिए। बीच में ही खेल का थम्हना और दिया का बुझना अंशुभ है, जीवन के अधूरेपन और वैफल्य का चिह्न है। हाँ जब रात ढल चले, जब रूप रखिया चले, तेल चुक चले, तब खेल थम्ह जाय तभी अच्छा है और खेल थम्ह जाने पर भोरहरिया की मदमाती बयार में दुलहे की बायीं जाँघ पर दुलहिन का अलसा जाना ही अच्छा है। रूप-लालसा की यह मीठी थकान, भोग की यह परितृप्ति, खेल का यह निढाल विराम और परितृप्ति की यह सुख-निंदिया जो तकिया-बिछावन की कुछ भी सुधि न रखे, प्रिय के परिपार्श्व में अपनी सेज बना ले, जीवन की सच्ची सफलता है। भारतीय काव्य-परम्परा में विषय-भोग के प्रति यह स्वस्थ दृष्टि बहुत चिरन्तन है। जीवन को ऊसर, मरुथल बनाने की विषम कल्पना भारत की धरती के लिए अनचीन्ही है। कुंठाओं, अतृप्तियों और विकृतियों का बोझिल वातावरण भारतीय काव्य-परम्परा को कभी सह्य नहीं हुआ और इसीलिए उसने इस आवरण में छिद्र करने के लिए कभी उत्तेजना नहीं दिखलायी है। आज की बात दूसरी है, फ्रायड के मनोविश्लेषण का प्रयोग करने वाली चिन्तन-परम्परा को ऐसी स्वच्छ और सरल भाव-व्यंजना ग्राम्य और अविदग्ध लगेगी, पर जिन गीतियों में इसकी अवतारणा की गयी है, उनमें युग-संस्पर्शी गहराई होने के कारण जो अमिट रंगीनी है, वह नई अतृप्ति गीतियों के लिए भी स्पृहणीय है।

संझा की इस रंगीन रागिनी के बाद मंगल कामना की दो गीतियाँ उठाई जाती हैं, पहले

'बाढ़ो न गइया में के बछवा भइसिया में के ओसरि।
बाढ़ो न दही के दहेड़िया धीवहि के गागर।
बाढ़ो त बेटी कवन देई के नइहर दुलहिन कवन देई के सासुर।'

(गाय के बछवा बढ़ेंगे, खेतिहर देश की पशुसम्पत्ति बढ़ेगी। भैंस की पाड़ी बढ़ेगी, दुग्ध की समृद्धि होगी और दही-घी के बर्त्तन भरपूर रहेंगे, स्वास्थ्य-सौन्दर्य की बढ़ती होगी। इन बढ़तियों के साथ-साथ कुल-कन्याओं और कुल-वधुओं के कुटुम्ब की अभिवृद्धि होगी।) खेतिहर देश के गृहस्थ परिवार के लिए इससे अधिक क्या सुख हो सकता है और सन्ध्या देवी से यह आशीर्वाद माँगने के अनन्तर पुरुखा-पुरनिया लोगों से एक-एक का नाम लेकर वर और भावी गृहस्थ के लिए आसीस माँगी जाती है।

आरे आरे बाबा कवन राम रउरें आवेलें कवन राम (वर) असीसओ न दीहल। अमवा के नइया बाबू मउरें महुअवा कुचलागें पुरइन पात अस पसरैं कँवल अस विहसैं। (अमुक अमुक नाम के बाबा आपके नगर में अमुक नाम वाले वर आये हैं, आप आसीस भी नहीं देते? आम की भाँति वर मंजरित हों, महुए की तरह कुसुमित, पुरइन पात की तरह प्रसृत और कमल की तरह विहसित) इस आशीर्वचन में केवल उपमाओं का सौन्दर्य हो, सो बात नहीं, इन उपमाओं में जीवन के विविध मंगलों का सौन्दर्य अलग-अलग देखा जा सकता है और इन उपमाओं में गहरी सूझ की पहचान की जा सकती है। आम की मंजरी में जो समष्टि-मोहकता और दूरगामिनी सुरभि होती है, मधूक में जो टपकनेवाली मधुमयता होती है, पुरइन में जल से असम्पृक्त रहकर जो प्रसरशीलता रहती है और कमल में पंक के बीच धँसते तथा गम्भीर नीर में डूबते-उतराते भी विकास की अदम्य शक्ति होती है, होती है, वही गृहस्थी का जुआ वाहन करनेवाले नये दारपरिग्रही के लिए काम्य हो सकती है। आम्र की मंजरी जिस प्रकार सामूहिक रूप से सुगन्धि प्रदान करती है, उसी प्रकार समन्वित समाज की इकाई बनकर व्यक्ति कीर्तिमान होता है। महुए के कूचे में जैसी सरस द्रवशीलता होती है, यौवन में शृंगार की वैसी ही अपेक्षित है। रही बात पुरइन और कमल की, जिसमें भारतीय सौन्दर्य अपनी मंगलमयी अभिव्यक्ति चिरन्तन काल से ढूँढ़ता और पाता आया है, सो पुरइन कर्मयोग की मूर्तिमती साधना है और कमल भारतीय संस्कृति के सर्वप्रधान गुण

समन्वय का प्रतिमान। हाँ सन्ध्या की गीत में पुरइन और कमल की बात शायद उन लोगों को बेतुकी लगे, जो रात से उबरने की आस नहीं सँभाल सकते, जो अगले प्रभात तक धीरज नहीं बँधा सकते और जो संघर्ष और मोह के अवसान में सत्त्व का उदय नहीं देख सकते। परन्तु दुस्सह शीत में बसन्त की जीती-जागती कल्पना रखनेवाली, घनान्धतामस मानस में परम ज्योति को आमन्त्रण देने वाली और दुःख के निविड़ श्यामल प्रसार में घनश्याम की दामिनी दमकानेवाली कविकल्पना के लिए साध्य यदि है तो यही है। वह कल्पना 'चार दिनों की चाँदनी के' बाद अँधेरी रात में डूब नहीं जाना चाहती, वह कुहू के कुहुक में राका के लिए कूकती रहती है।

वही कवि-कल्पना उन असंख्य अनाम कण्ठों में मुखर होकर आती है, जो अपने अनुभवों की गरिमा अनायास और अनजाने उल्लास के क्षण में उड़ेल कर रख देते हैं। उनके लिए जड़-चेतन, प्रकृति-पुरुष, दुःख-सुख और तमः-प्रकाश उस उल्लसित क्षण में एकीभूत हो जाते हैं और उन्हें मानव जीवन के परम लक्ष्य की सहज ही उपलब्धि हो जाती है। संझा-गीतियाँ ऐसी उपलब्धियों की ही निदर्शन है। इन गीतियों में ब्रह्म द्वारा अभिधावित वाणी सन्ध्या के पवित्र आवाहन में आश्वस्त होकर बीन के तार छेड़ने लगती है: आहो आहो संझा गोसाइँनि, 'गोसाइँनि' इसलिए की इस वेला में न केवल गउएँ वन से लौट कर पुंजित होने लगती हैं, बल्कि चहचहाते पक्षि-शावकों के साथ समन्त ऐन्द्रिय व्यापार सिमटकर अन्तर्मुख होने लगते और सिमटती रविकिरणावली के साथ मृदुकम्प पर्ण-डालियों के मर्मर-स्वर में समवेत होकर गउओं में श्रेष्ठतम कामधेनु भारती मातृ-वन्दना में विनत होकर अमृत-खीर बहाने लगती है।